800 histoires drôles

HACHETTE
Jeunesse

Au fil des pages :

Mary Touquet • Robert Scouvart

Des animaux
comme vous et moi

Deux microbes se rencontrent.
« Mon pauvre vieux, tu es pâle,
qu'est-ce que tu as ?
– Je suis malade, j'ai avalé
une aspirine. »

Une petite sardine regarde
passer un sous-marin. Sa maman
lui explique :
« Tu vois, ce sont des hommes
en boîte. »

Des frères et sœurs se disputent :
« Quel âne !
– Tête de cochon !
– Espèce de dinde ! »
Leur mère arrive et crie :
« Oh, la ferme ! »

Une mite aperçoit une autre mite
en train de rire :
« Pourquoi est-ce que tu te marres,
mite ?

– Parce que je suis une mite
railleuse ! »

C'est un maître nageur qui a l'air
épuisé. Il s'écroule sur une chaise
et raconte :
« C'est horrible, je viens de sauver
une mouche qui se noyait…
– Et alors ? demande son copain.
– J'ai dû lui faire du mouche
à mouche !!! »

Des poissons font les fous. Arrive
une étoile de mer. Ils crient :
« 22, voilà le shérif ! »

Une poule sort de son poulailler.
Elle se plaint :
« Quel froid de canard ! »
Un canard passe près d'elle.
Il la regarde et il dit :
« Ne m'en parlez pas, j'en ai
la chair de poule… »

Mme Lebrun achète des œufs
au marché. Prudente,
elle demande :
« Ils sont pondus du jour,
au moins ?
– Bien sûr ! La nuit, elles dorment,
mes poules ! »

Un mouton rejoint un troupeau
dont les brebis ont été tondues.
Poli, il prévient en arrivant :
« Excusez-moi, je ne suis pas
encore rasé. »

En classe, la maîtresse explique
aux enfants :
« Vous savez, il ne faut pas avoir
peur des souris.
– Oui, madame, répond Thomas,
ce sont de gentils animaux comme
vous et moi ! »

Un monsieur est bien embêté :
il a attrapé un perroquet dans la rue.
Il va trouver un agent
et lui demande :

« J'ai trouvé un perroquet,
qu'est-ce que je dois en faire ?
– A votre place, je l'emmènerais
au zoo. »
Le lendemain, l'agent les voit revenir
ensemble. Surpris, il interroge :
« Mais vous ne l'avez pas emmené
au zoo comme je vous l'avais dit ?
– Si, il a bien aimé, mais
aujourd'hui il a envie d'aller
au cinéma… »

Un chien raconte à un autre :
« Hier, je suis allé au cirque
et je suis rentré avec la vedette
du spectacle.
– Veinard, va !
– Tu parles ! C'était un numéro
de puces savantes ! »

Un moineau interroge son copain :
« Comment aimes-tu les vers, crus
ou cuits ?
– Cui cui !!! »

7

M. Lebrun est très fier
de son chien. Il s'extasie :
« Parfois, j'ai l'impression
qu'il en sait autant que moi !
– Et tu prends vraiment cela pour
une preuve d'intelligence ? »
répond sa femme.

Un escargot attend sa copine
la limace pour partir en voyage.
Elle est en retard et il s'énerve :
« En plus, tu n'as même pas pris
de sac à dos ! »

Deux moineaux sont perchés sur
un fil télégraphique. Tout à coup,
l'un d'eux fait : « Hi hi hi !
– Qu'est-ce que tu as ? s'étonne
l'autre. Je n'ai rien dit de drôle.
– Non, c'est un télégramme
qui me chatouille. »

Une coccinelle entre dans une pharmacie. Elle demande :
« Vous n'auriez pas un médicament contre les points noirs ? »

« Zézette, je voudrais savoir si tu as pensé à changer l'eau de ton poisson rouge ?
– Ben non, il n'a pas fini de boire celle d'hier ! »

IL N'A PAS FINI CELLE D'HIER

Le vétérinaire pénètre dans la basse-cour pour inspecter les poules malades.
« Alors, comment ça va ce matin ? demande-t-il à l'éleveur.
– Ne m'en parlez pas ! La fièvre est tellement montée qu'elles ont pondu des œufs durs ! »

Héo aimerait bien savoir :
« Papa, notre chat, c'est
un monsieur ou une dame ?
– Un monsieur.
– A quoi tu vois ça ? »
Hum, question délicate… Le papa
est bien ennuyé. Finalement,
il répond :
« Ah euh euh, c'est très simple :
il a des moustaches !!! »

Un chiot demande à son père :
« Dis, papa, mon vrai nom, c'est
Assis ou Couché ? »

Loulou fait des grimaces à son
bouledogue.
« Loulou, ça suffit, dit son père,
arrête d'embêter ce chien.
– Mais, papa, c'est lui
qui a commencé ! »

Le papa de Martin explique
à son fils :
« Il faut être bon avec les animaux.
– Oui, papa, il ne faut pas les traiter
comme des bêtes ! »

À l'école, la maîtresse interroge
Thomas :
« Quel est le cri des fourmis ?
– Cro ondes !!! »

L'animal le plus sourd est
la grenouille. Elle demande tout
le temps : « quoi quoi quoi... »

Deux moutons se rencontrent.
« Mon pauvre ami, dit l'un,
tu me sembles bien fatigué.
– Ah ça oui ! J'ai dû compter 527
bergers avant de m'endormir ! »

Une souris vient d'attraper un rhume. Elle se vante auprès de ses amies : « Ça y est ! J'ai enfin un chat dans la gorge ! »

Thomas visite le zoo avec sa tante. Il s'arrête, émerveillé, devant un singe.
« Oh, regarde, ma tante, tu ne trouves pas que ce singe te ressemble ?
– Petit mal élevé !
– Pourquoi tu dis ça ?
C'est pas grave, il ne peut pas nous entendre. »

Un pou dit à un autre pou :
« Qu'est-ce que tu as ?
Tu es malade ?
– Non, j'ai reçu un coup de peigne. »

Petite poulette travaille mal
en classe.
Sa maman lui dit :
« Je veux que tu aies au moins 8
à ton prochain contrôle. »
Quelques jours plus tard,
la poulette revient triomphante :
« Maman, maman, j'ai eu un 9 ! »

C'est une tortue qui a été piquée
à la tête par une abeille.
« Mon Dieu, se dit-elle, si ça gonfle,
je vais devoir passer la nuit
dehors ! »

Une dame, dans une quincaillerie :
« Je voudrais une prise de courant.
– Mâle ou femelle ?
– Écoutez, c'est pour
une réparation, pas pour
de l'élevage ! »

Un vieux pou se balade
sur le crâne d'un chauve
avec son petit-fils :
« Tu vois, avant, ici, il y avait
un tout petit sentier, et maintenant,
c'est une autoroute… »

Médor demande à Azor :
« Tu regardes quelle chienne
à la télé ?
– Oh moi, ma préférée, c'est canal
puce ! »

Deux poules discutent :
« Comment vas-tu, ma cocotte ?
– Pas très bien, je crois que
je couve quelque chose. »

Un monsieur entre chez
un droguiste :
« Bonjour, je voudrais
un insecticide…

– C'est pour les moustiques
ou pour les mites ?
– C'est pour moi, j'ai le cafard... »

Un taureau dit à un hibou :
« C'est terrible, si tu savais comme
ma femme est vache.
– Ah bon ? répond le hibou. Moi
la mienne est plutôt chouette ! »

Sur la banquise, c'est l'heure du
goûter.
Un ourson blanc crie :
« Maman, j'ai faim, je mangerais
bien un esquimau ! »

Deux asticots se retrouvent dans
une pomme.
Le premier s'étonne :
« Tiens, je ne savais pas
que vous habitiez le quartier ! »

SI TU SAVAIS
COMME MA FEMME
EST VACHE !

C'est un chat qui photographie un autre chat. Il lui dit : « Souris ! »

M. Pou est très très très pressé. Il s'énerve contre sa femme qui traîne et lui crie : « Vous êtes lente, mon épouse. »

Deux puces sortent du théâtre. La première dit à l'autre : « On rentre à pied ou on prend un chien ? »

Deux chiens se promènent. Tout à coup, l'un d'eux se met à frétiller : « Tu as vu, dit-il, un réverbère neuf ! Ça s'arrose ! »

À quoi reconnaît-on qu'un motard est heureux ?
Au nombre de moucherons collés sur ses dents !

Il était une fois un papillon très snob et très intellectuel qui toute sa vie n'a fréquenté que des pensées…

Loulou demande à son père :
« Qu'est-ce qui a quatre pattes,
une crête et qui fait cocorico.
– Je ne vois pas…
– Un coq !
– Mais un coq n'a pas quatre pattes.
– Non, j'ai dit ça pour que ça soit
plus difficile !!! »

Une nuit, un bébé hérisson
se perd dans le désert.
il se cogne à un cactus
et s'écrie : « Maman ! »

Une petite fille vient de visiter
une ferme. Le soir, elle raconte
à son père : « Et puis tu sais,
y'a des cochons, eh ben, ils parlent
comme toi quand tu dors. »

Une araignée demande
à une autre :
« Qu'est-ce qu'on mange ce soir ?
– Une mouche au chocolat ! »

Deux escargots se promènent
sur la plage quand ils rencontrent
une limace :
« Demi-tour, nous sommes
sur une plage de nudistes ! »

Un homme dit à sa femme :
« Tu as vu ce qu'ils écrivent
dans le journal,
que les chats sont cruels, sauvages
et méchants.
– Oui, mon minet ! »

Mary Touquet • Robert Scouvart

C'est fou !

Jules et Jo jouent avec une vieille voiture de collection.
« Cette voiture était à moi
quand j'étais petit.
– Ben, tu devais être vraiment petit
pour rentrer dedans ! »

Un infirmier entre en trombe dans
un commissariat de police
et s'écrie :
« Vite vite, faites quelque chose,
un fou dangereux vient de
s'échapper de l'asile !
– Comment est-il ? demande le
policier de service.
– Il est chauve et tout décoiffé.
– Mais on ne peut pas être à la fois
chauve et décoiffé.
– Puisque je vous dis qu'il est
fou ! »

Jules dit à Jo :
« On joue aux dames ?
– Je ne peux pas, je ne suis pas
marié ! »

« Je suis fatigué, j'ai passé ma
soirée à remplir ma salière.

– Ta soirée ?
– Oui, ma salière n'a que quatre trous minuscules ! »

Un député est invité à l'inauguration de la piscine de l'asile.
Voyant les pensionnaires sauter du plongeoir, il dit au directeur :
« Les malades profitent vraiment de votre nouvelle installation.
– Et vous verrez, quand on l'aura remplie, ce sera encore mieux ! »

Jules est allongé à plat ventre au bord de la piscine.
Jo s'approche de lui :
« Qu'est-ce que tu fais ?
– Ben, j'ai jeté un morceau de sucre dans l'eau. Alors je goûte pour voir si elle est assez sucrée. »

Jo se penche à son tour sur la piscine, goûte l'eau et décrète :
« Pas assez sucrée, mais c'est normal, tu n'as pas assez remué ! »

Ils discutent entre eux du meilleur moyen de franchir le portail de l'entrée. Jules dit à Jo :
« C'est vraiment pas compliqué : si le portail est haut, on passe en dessous, s'il est bas, on passe au-dessus.
– Bonne idée, dit Jo. Je vais voir. »
Cinq minutes après, il revient et dit :
« Impossible de s'évader.
Il n'y a pas de portail ! »

C'est un fou qui se promène avec une passoire.
« Que faites-vous ? demande l'infirmière.
– Je passe le temps. »

C'est Jules et Jo qui veulent s'évader de l'asile.

Un fou tient en laisse
une brosse à dents.
Un infirmier qui passe par là
lui demande :
« Et comment va votre chien ?
– Enfin, c'est pas un chien.
Vous voyez bien que c'est
une brosse à dents ! »
L'infirmier s'en va surpris.
Alors, le fou se penche vers
sa brosse à dents et lui dit :
« Tu as vu, Médor, on l'a bien eu ! »

Jules et Jo bavardent :
« Devine ce que j'ai
dans ma main ?
– Une mouche ?
– Non
– Une guêpe ?
– Non
– Un éléphant ? »
L'autre regarde dans sa main,
la referme, puis demande :
« De quelle couleur ? »

23

Un fou est en train d'essayer
de débrouiller une pelote de laine.
Son copain le voit faire et lui dit :
« Hé, banane, cherche pas le bout,
je l'ai coupé ! »

Le directeur de l'asile fait visiter
l'établissement :
« Au premier étage, ce sont
les fous légers,
au deuxième étage, les fous
les plus graves,
au troisième étage, les fous
dangereux…
– Et au quatrième étage ?
– C'est mon bureau ! »

Mme Duchnock dit à son mari :
« Bouge un peu que je passe un
coup de balai !
Il faut que tout soit propre pour la
nouvelle femme de ménage ! »

Un homme tremblant de peur
accourt vers son ami :
« Je l'ai échappé belle. Je viens de
tomber d'une échelle de quinze
mètres de haut.
– Et tu es encore en vie ?
– Ben oui, j'étais sur le premier
barreau ! »

Duchmoll téléphone à Tartempion :
« Allô ? Je suis bien au 20 72 650 ?
– Ah non, monsieur, vous faites
erreur. Ici, on n'a pas le téléphone. »

« Tu as vu des brigands ?
Combien ?
– Sept !
– Tu dis ?
– Je dis sept.
– Dix-sept ?
– Non, sans dix.
– Cent dix-sept ? Mais c'est toute
une bande ! »

Deux fous discutent :
« Moi je suis né en Australie !
– Et moi je suis né à l'hôpital.
– Ah oui, et de quelle maladie ? »

Le directeur de l'hôpital
demande à Jules :
« Quelle est la différence entre
un marteau et un tuyau d'arrosage ?
– Ils sont tous les deux
en caoutchouc, sauf le marteau ! »

Un gars vient d'être admis à l'asile.
A peine entré, il s'exclame :
« Mais il y a un monde fou
là-dedans ! »

Jules et Jo doivent passer
sous un pont de trois mètres
quatre-vingts. Malheureusement,
leur camion est trop haut.
Jules propose :
« On n'a qu'à dégonfler les pneus
pour passer.
– Mais non, c'est pas en bas
qu'on touche, c'est en haut ! »

Un artiste se présente devant
le directeur d'un cirque et dit :
« J'ai un numéro formidable :
je monte sur un tremplin,
en bas, il y a une bouteille
et moi je plonge dans la bouteille.
– Vous vous fichez de moi.
Il y a un truc.
– Bien sûr ! J'ai mis un entonnoir
dans la bouteille ! »

Minuit. Un fou cherche sous un lampadaire la montre qu'il vient de perdre. Un passant lui demande :
« Vous l'avez perdue où votre montre ?
– Là-bas.
– Mais alors, pourquoi cherchez-vous ici ?
– Ben, ici au moins, c'est éclairé ! »

Loulou, intrigué, demande au fermier :
« Pourquoi vos vaches ont-elles la queue coupée ?
– Parce que, moi, j'aime les animaux.
– Ben justement alors pourquoi leur coupez-vous la queue ?
– Parce qu'elles s'en servent pour faire mal aux mouches ! »

Jules rentre chez lui
à toute vitesse :
« Chérie, prépare-moi un bain.
– Très chaud, ou plutôt tiède ?
– Sans eau, comme ça, je n'aurai
pas besoin de me sécher. »

Tartempion entre dans
une agence de voyages :
« Bonjour, monsieur, je voudrais
un billet pour la lune, s'il vous plaît ?
– Impossible, monsieur,
elle est pleine ! »

Jules rigole tout seul.
Jo trouve ça bizarre :
« Qu'est-ce qui te prend ?
– Ben, je me raconte des histoires,
et celle-là, je ne la connaissais pas ! »

Un fou ouvre la porte de l'avion.
Il va sauter dans le vide,
et voit qu'il pleut. Alors il se ravise
et appelle l'hôtesse :
« Mademoiselle, s'il vous plaît,
donnez-moi un parapluie ! »

C'est Duchmoll qui croise Tartempion dans la rue :
« Tartempion ! Comme tu as changé : les cheveux, les yeux…
– Mais, monsieur, je ne m'appelle pas Tartempion.
– Tiens ? Tu as même changé de nom ! »

Un homme appelle l'électricien :
« Allô ? Je vous ai demandé de venir réparer ma sonnette il y a quatre jours et vous n'êtes pas venu !
– Si, je suis venu. J'ai même sonné pendant dix minutes
et vous n'avez pas répondu ! »

Un fou se présente pour faire breveter sa dernière invention :
« C'est une lampe de poche particulièrement économique, explique-t-il. Pour qu'elle fonctionne, il faut qu'elle soit bien exposée au soleil ! »

"CES CHAPEAUX SONT VRAIMENT TROP GRANDS !"

Dans un magasin, une dame essaie des chapeaux. Furieuse, elle s'adresse à la vendeuse :
« Ces chapeaux sont vraiment trop grands !
– Mais, madame, vous êtes au rayon des abat-jour ! »

Un homme descend d'un taxi et demande :
« Je vous dois combien ?
– Vingt francs. »
L'homme cherche dans ses poches et ne parvient à rassembler que dix-neuf francs cinquante. Il réfléchit un peu, puis s'adresse au chauffeur :
« Vous ne pourriez pas faire marche arrière pour cinquante centimes ? »

Jules et Jo se baladent
dans la cour de l'asile
avec une casserole sur la tête.
« Que c'est lourd ! dit Jules.
– T'as raison, on devrait faire des
casseroles en paille pour l'été ! »

« J'ai perdu mon chien !
– Faites passer une annonce.
– Ça ne sert à rien,
il ne sait pas lire ! »

Dans une station-service,
un homme met une pièce de 10 F
dans un distributeur de boissons.
Une bouteille tombe, il la met dans
son sac. Puis il remet une autre
pièce de 10 F, prend la bouteille
et la met dans son sac. Et ainsi
plusieurs fois de suite. Derrière lui,
la file d'attente s'allonge.

Un automobiliste lui demande :
« Vous en avez pour longtemps ?
– Bah, dit-il, tant que je gagne,
je joue ! »

Deux fous foncent dans la nuit :
« Voyons, ne conduis donc pas
si vite ! dit l'un.
– Qui ça, moi ? Mais je croyais
que c'était toi qui conduisais ! »

Deux amis se rencontrent :
« Tiens, dit l'un, tu as de drôles
de chaussures. Une noire
et une jaune !
– Oui ! Et j'ai la même paire
à la maison ! »

Une dame très en colère entre
chez un droguiste :
« La poudre que vous m'avez
vendue hier, soi-disant infaillible
pour tuer les mouches, eh bien,
elle ne vaut absolument rien.
– Mais, madame, c'est pourtant
radical, lui répond le commerçant.
Vous attrapez une mouche, vous lui
ouvrez la bouche et vous y mettez
un peu de poudre. Vous verrez,
aucune mouche ne lui résiste. »

Un docteur demande à un fou :
« Alors, pour qui vous prenez-vous
aujourd'hui ?
– Dieu m'a dit que j'étais le pape. »
A ce moment-là passe un autre fou
qui s'écrie :
« C'est pas vrai ! Je ne lui ai jamais
rien dit ! »

Un fou se tape sur la tête
avec un marteau.
Son copain lui demande :
« T'es fou ? Pourquoi tu fais ça ?
– Parce que ça me fait du bien
quand j'arrête ! »

C'est un prêtre complètement
idiot qui monte un escalier
en chantonnant :
« C'est l'abbé bête qui monte,
qui monte qui monte… »

UNE GRANDE FOULE S'ÉTAIT DÉPLACÉE POUR ASSISTER À L'ÉVÉNEMENT

« Hé, t'as oublié de mettre
un slip !
– Ah bon ? Mais comment
tu le vois ?
– Ben t'as oublié aussi de mettre
ton pantalon ! »

Un fou rencontre un autre fou
en train de lire l'annuaire.
« Il est bien, ton roman ?
– Oui… Mais je trouve qu'il y a
trop de personnages… »

« Regarde, on parle de moi
dans le journal.
– Pas possible !
– Oui, c'est écrit :
"Une grande foule s'était déplacée
pour assister à l'événement".
– Et alors ?
– Alors, j'étais dans la foule… »

Jules et Jo bavardent dans
la cour de l'asile.
« Moi je suis sûr d'être un train,
dit Jo.
– Pourquoi ?
– Ce matin, j'ai entendu
le directeur dire à un infirmier :
"Celui-là, il déraille !" »

Mary Touquet • Jacques Azam

Trop mignon

Un hélicoptère passe dans le ciel.
Loulou dit à sa copine,
en le montrant du doigt :
« Oh, une hélicoptère !
– Mais non ! C'est un hélicoptère.
– Tu arrives à voir la différence
d'ici ? »

Le papa de Zoé lui demande :
« Combien font 2 + 2 ?
– 4 !
– Très bien ! Pour ta récompense,
tu auras 4 bonbons.
– Oh zut, si j'avais su, j'aurais dit 5 ! »

C'est Myrtille qui propose
à son petit frère :
« Si tu me dis combien j'ai
de bonbons dans la main,
je te les donne tous les cinq ! »

A la ferme, un petit garçon est
en admiration devant une oie
et ses petits. Il appelle sa maman :
« Maman, viens voir, il y a une noix
et ses noisettes ! »

La famille Tartempion va
au cinéma. La caissière annonce :
« C'est 45 F par tête. »
Alors, Jojo :
« Et le reste du corps,
c'est combien ? »

« **L**olotte, que sais-tu de la règle
de trois ?
– Mais, madame, je ne peux pas
savoir, je suis toute seule. »

Zézette explique à Théo :
« J'ai mis mon poisson rouge dans
la baignoire pour qu'il ait plus de
place.
– Mais quand tu veux te baigner,
comment tu fais ?
– Oh, c'est pas gênant, il ferme les
yeux ! »

Un petit nuage très impatient
ne cesse de sautiller sur place.
« Qu'est-ce que tu as ? demande
sa maman.
– J'ai besoin de faire pluie pluie… »

La fermière appelle ses poules
pour leur donner à manger :
« Petit, petit, petit... »
Loulou la regarde et s'étonne :
« Alors, et les grosses,
elles ne mangent pas ? »

Loulou, Jojo et Myrtille discutent :
« Moi, dit Myrtille, je dors
avec une chemise de nuit.
– Et moi, avec un pyjama, explique
Jojo.
– Eh bien moi, je dors pieds nus
jusqu'au cou ! » lance Loulou.

Loulou fait l'éducation
de sa petite sœur :
« Écoute, c'est très simple :
les petites filles naissent dans
les roses, les petits garçons
dans les choux, et les nains
dans les choux de Bruxelles ! »

Une toute petite fille va dans
le jardin. Elle entend un coucou
qui chante : « Coucou, coucou ».
Elle revient vite à la maison et crie :
« Maman, maman,
un oiseau m'appelle ! »

« **P**apa, dit un petit garçon, notre instituteur ne sait même pas à quoi ressemble un cheval.
– Tu crois vraiment ?
Ça m'étonne.
– Bien sûr. Quand je lui ai montré le cheval que j'avais peint, il m'a demandé ce que c'était… »

Le hibou est en grande forme.
Il dit à sa chouette :
« Viens, on va faire la tournée des grands ducs ! »

Un petit garçon entre d'un air décidé dans un magasin de jouets. Il veut acheter un avion. Mais au moment de payer, il sort des billets de Monopoly.
« C'est pas des vrais billets, dit la vendeuse.

– C'est pas non plus un vrai avion », répond le petit garçon.

Trois petits cochons patinent sur un étang gelé.
La glace craque et l'un d'eux disparaît jusqu'au cou. Ses frères se précipitent pour le relever :
« Ça va ?
– Oui, mais j'ai eu chaud ! »

La petite Myrtille joue dans la rue.
Une dame qui passe par là
s'étonne :
« Tu n'es pas à l'école ?
– Ben non, qu'est-ce que j'irais y
faire ? Je ne sais pas lire. »

Zoé va voir sa maman :
« Maman, je me suis fait mal.
– Où ça ?
– Là-bas ! »

Un petit, mais alors un tout petit
cow-boy fait irruption dans
un salon et crie, furieux :
« Quel est le candidat au suicide
qui a peint mon cheval en bleu ? »
Un colosse se lève :
« Moi, pourquoi ?
– Euh, c'est vous ?
Je voulais juste savoir
quand vous comptiez passer
la seconde couche… »

« Oh maman, quel rêve
merveilleux j'ai fait cette nuit !
– Vraiment, raconte-le-moi.
– Mais voyons, tu dois bien
le savoir, puisque tu étais dedans ! »

Loulou va pour la première fois
à l'opéra :
« Papa, c'est qui le monsieur
en noir qui nous tourne le dos ?
– C'est le chef d'orchestre,
mon chéri.
– Et pourquoi il menace la dame
avec sa baguette ?
– Mais il ne la menace pas,
mon chéri.
– Alors pourquoi elle crie ? »
La semaine suivante, Loulou assiste
à un ballet de danse classique.
Il ne dit rien. A la fin cependant,
il hausse les épaules :

« Au lieu d'obliger ces pauvres
danseuses à se tenir toujours
droites sur la pointe des pieds,
pourquoi ne les prend-on pas
plutôt un peu plus grandes ? »

C'est l'automne. Deux petits
poussins se promènent dans
les bois, lorsque, tout à coup,
l'un d'eux aperçoit une coque
de châtaigne :
« Oh regarde ! Un œuf
de hérisson ! »

41

Tu me passes une aiguille!
J'ai déchiré mon écorce
Ça ne vous dérange pas que je fume??

Le sapin de Noël a trop traîné.
Il va être en retard au réveillon.
Ennuyé, il dit à ses copains :
« Ouh ! là ! là !, je vais encore me
faire enguirlander, moi… »

houlàlà...
Je vais me
faire enguirlander,
moi...

Un bouleau s'aperçoit
que son écorce est déchirée.
Il se penche vers son voisin
le sapin et lui demande :
« Tu peux me passer une
aiguille ? »

C'est un volcan galant
qui demande à une petite colline :
« Ça ne vous dérange pas
que je fume ? »

Deux arbres discutent dans
la forêt :
« Moi, j'ai un cousin sapin. Il ne fait
rien de toute l'année sauf à Noël.
Mais alors là, il travaille tellement
qu'il est couvert d'ampoules ! »

C'est juste avant les vacances de Pâques. Le papa de Jojo n'est pas très content du bulletin de son fils.
« Quand auras-tu de bonnes notes ?
– Eh ben hier, j'ai eu un neuf !
– Ça c'est bien. Et en quoi as-tu eu un neuf ? demande son père.
– En chocolat ! »

Une toute petite fille sort de la salle de bain. Elle crie :
« Maman, maman, est-ce que tu savais que papa est un garçon ? »

Sur la plage, papa dit à Zoé :
« Viens te baigner, ma chérie.
– Non, je ne veux pas fondre, moi.
– Mais l'eau, ça ne fait pas fondre les gens. »
Alors, Zoé en larmes :
« Si ! Regarde le monsieur là-bas qui se baigne.
Tout à l'heure, il est entré tout entier dans l'eau et maintenant, il ne reste plus que sa tête.
Le reste a fondu ! »

Une institutrice un peu myope monte dans un autobus bondé, et croyant reconnaître le père d'un élève, lui adresse un large sourire.
Après avoir poinçonné son billet, elle se rend compte de sa méprise.
Alors, timidement, elle dit au monsieur :

« Excusez-moi, je vous avais pris pour le père d'un de mes enfants ! »

« Le pape est mort. Un nouveau pape est appelé à régner !
– Araignée ? Quel drôle de nom !
Et pourquoi pas libellule ou papillon ? »

« Miroir, miroir, dis-moi si je suis la plus belle…
– Minute… je réfléchis… »

M. Coq et Mme Poule admirent un coquetier dans la vitrine d'un magasin.
« Ils ont de jolis berceaux ici ! » s'exclame madame Poule attendrie.

C'est une pomme de terre qui dit à une autre :
« Cet été nous irons nous faire griller au soleil. »
Et l'autre ravie, répond :
« Oh, chips alors !!! »

« **D**imanche, on va cueillir des fraises, dit Lolotte.
– Oh oui oh oui, répond Loulou, et pour te faire plaisir, c'est moi qui monterai dans l'arbre ! »

Deux anges font la causette :
« Quel temps fera-t-il demain ?
– Nuageux.
– Ah ! tant mieux, on pourra s'asseoir. »

Zézette dit à sa maman :
« Pour mon anniversaire, je voudrais une poupée.
– Mais voyons, ma chérie, celle que tu as est encore en très bon état.
– Et alors ? Moi aussi j'étais en très bon état, l'année dernière. Ça ne t'a pourtant pas empêchée de me commander une petite sœur ! »

A la sortie de l'école,
un monsieur très très gros
est posté devant la grille.
L'institutrice, qui ne le connaît pas,
s'approche et lui demande :
« Vous attendez un enfant ?
– Oh non, madame, j'ai toujours
été gros comme ça ! »

Le roi Arthur rencontre un homme
vêtu d'une longue robe bleue et portant une grande barbe
blanche.
« Qui es-tu ? demande-t-il.
– Merlin.
– Enchanté ! »

La maman de Loulou vient
d'acheter du poisson pané.
Curieux, Loulou demande :
« Dis, maman, avant d'être
un bébé, moi aussi j'étais pané ? »

Une orange dit à une clémentine :
« Tiens, il va pleuvoir aujourd'hui !
– Oh zut, répond l'autre,
je n'ai pas de pépin ! »

La dame du catéchisme demande à Zoé :
« Que faut-il faire pour que tout le monde s'entende ?
– Parler plus fort ! »

non... je dis
on s'entend
bien...
hein??
tous les
deux...

Un citron entre dans une banque, armé d'un pistolet :
« Pas un zeste, ze suis pressé ! »

Une toute petite fille demande à sa maman :
« Maman, pourquoi la nuit n'a-t-elle qu'un œil ?
– Qu'est-ce que tu racontes ?
– Ben oui, ce matin papa a dit qu'il n'avait pas pu fermer l'œil de la nuit ! »

« **J**'ai battu un record !
– Ah bon, lequel ?
– J'ai réussi à faire en quinze jours un puzzle sur lequel il y avait écrit : "de 3 à 5 ans." »

Pour ne pas payer le bus, une maman demande à sa fille

de quatre ans de dire qu'elle n'en
a que trois. Passe le contrôleur
qui la questionne :
« Quel âge as-tu, ma petite ?
– Trois ans, m'sieur.
– Et quand auras-tu quatre ans ?
– Quand je serai sortie du bus ! »

« **E**coute, dit la maman à sa petite
fille, tu dois être sage, parce que
si tu es sage tu iras au ciel et si
tu n'es pas sage, tu iras en enfer.
– Et qu'est-ce que je dois faire
pour aller au cirque ? »

Le petit Thomas est invité
à dormir chez un de ses copains.
Le soir, la maman du copain donne
un bain à sa petite fille.
Thomas, qui n'a pas de sœur,
la regarde toute nue, perplexe
et déclare :
« Quand même, ces petites filles,
elles cassent tout ! »

« Dis, maman, la salade,
c'est une bête ?
– Non, mon chéri, c'est un légume.
– Alors, pourquoi elle a un cœur ? »

C'est Théo qui rentre
du catéchisme, très perplexe :
« Maman, c'est vrai que Jésus
était marié ?
– Mais non, qui t'a raconté ça ?
– C'est monsieur le curé. Il parle
toujours de Jésus et de sa grande
Clémence ! »

En classe, la petite Zoé est
toujours sage comme une image.
A l'heure de la sortie, elle va
trouver sa maîtresse :
« Siouplaît, dites-moi ce que j'ai
appris aujourd'hui, parce que
mon papa, il me le demande
tous les soirs ! »

Une carotte a décidé de faire une
fugue. Mais le cuisinier la sort du
panier et la passe à la moulinette.
« Zut ! dit la carotte. C'est râpé ! »

Mary Touquet • Jacques Azam

Au feu, les cahiers !

« Au revoir, bonnes vacances et n'oublie pas, dès ton arrivée, de m'écrire sans faute…
– Oh moi, tu sais, l'orthographe… »

Loulou est inquiet. Finalement, il demande à sa maîtresse :
« S'il vous plaît ? Est-ce qu'on peut être puni pour quelque chose qu'on n'a pas fait ?
– Oh non, bien sûr que non.
– Alors moi, je n'ai pas fait mon devoir de maths. »

L'instituteur reçoit la lettre d'un parent d'élève :
« Je ne compran pa qu'mon fis aille zaireau en hortaugraf pace qici à la mézon, il nyapa de fôte dans les dikté quon lui fét fère. »

La petite Myrtille rentre de l'école très en colère :
« Elle ne sait pas ce qu'elle veut,

la maîtresse. Hier, elle disait que
2 + 2 font 4, et aujourd'hui,
elle nous dit que c'est 3 + 1 !
Il faudrait savoir… »

Au catéchisme, monsieur le curé
demande :
« Qui peut me dire jusqu'à quand
Adam et Eve restèrent au Paradis
terrestre ?
– Jusqu'au 15 septembre, répond
un élève.
– Et qu'est-ce qui te fait dire ça,
mon petit ?

– Parce qu'avant, les pommes
ne sont pas mûres ! »

Une virgule rencontre
une apostrophe et lui dit :
« Alors, toujours en train de faire
l'acrobate ? »

C'est une petite fille qui dit
à son père :
« Je suis certaine que j'aurai zéro
en maths.
– Ah bon ? Tu en es sûre ?
– Oh oui, c'est aussi sûr que deux
et deux font cinq ! »

Deux gamins s'arrêtent et regardent un panneau "Ralentir, École".
« Tu te rends compte, dit l'un, ils ne croient tout de même pas qu'on va y aller en courant ! »

Le professeur de géographie demande à un élève :

« Quelles sont les initiales du marché commun ?
– C'est… euh… euh…
– C.E.E. ? Très bien, répond le prof. »

La maîtresse interroge Jojo :
« Qu'as-tu fait pendant les vacances ?
– Pas grand-chose. En tout cas, pas de quoi faire une rédaction ! »

A table, Lolotte vient de mettre
son couteau dans la bouche.
« Ne fais jamais ça, lui dit
sa maman, tu pourrais te couper
la langue ! »
Alors Lolotte :
« Eh bien moi, j'en connais une
qui serait contente que je n'aie plus
de langue. C'est ma maîtresse ! »

La maîtresse demande :
« Quel est le pluriel de "un beau
bal" ?
– Des bobos ! »

La maman de Thomas n'est pas
du tout contente des résultats
de son fils.
D'un pas décidé elle va trouver
son maître à l'heure de la sortie :
« Monsieur l'instituteur, pouvez-
vous me dire pourquoi mon fils
a toujours des zéros ?
– Mais, madame, c'est parce qu'il
n'y a pas de note plus basse ! »

Le maître vérifie le cahier d'un élève. Il s'étonne :
« C'est quoi cette page blanche ?
– Ça, c'est une page de calcul mental ! »

C'est un clown pas content qui regarde le carnet de notes de son fils :
« Qu'est-ce que je vois ? explose-t-il. Monsieur fait rire ses petits camarades en classe ! Non, mais tu crois que c'est comme ça que tu vas réussir dans la vie ? »

« **M**artin, ton bulletin est lamentable ! Que veux-tu que je dise ?
– Ce que tu as toujours dit jusqu'à maintenant, maman :
« Le principal, mon garçon, c'est d'avoir la santé ! »

« **T**héo, demande un père de famille, comment se fait-il que tu rentres de l'école une heure plus tôt que d'habitude ?

– Ben, c'est que euh… aujourd'hui je n'ai pas eu de retenue ! »

Jojo rentre de l'école
et dit à sa maman :
« Le maître s'intéresse à notre famille. A la récréation, il m'a pris à part et m'a demandé si j'avais des frères et sœurs.
Je lui ai répondu que non.
– Et qu'est-ce qu'il a dit ?
– Il a dit "Merci, mon Dieu !" »

« **C**ette année, raconte
une maman très contente,
à sa voisine, ma fille a commencé
à apprendre l'algèbre.
Allons, ma chérie, sois gentille,
montre à la dame comme tu es
savante… Dis-lui bonjour
en algèbre ! »

« **L**oulou, ton bulletin ne me plaît pas du tout !
– À moi non plus, maman, mais il y a quelque chose qui me console, c'est que nous avons les mêmes goûts ! »

Une petite fille rentre de l'école
et demande d'un air plein
de mystère :
« Maman, tu connais la dernière ?
– Non.
– C'est moi ! »

« **J**ojo, où est passé
ton bulletin ?
– T'inquiète pas, papa, je l'ai passé
à un copain pour qu'il fasse peur
à ses parents. »

En classe, la maîtresse
questionne Loulou :
« Conjugue-moi le verbe savoir
à tous les temps.
– Je sais qu'il pleut, je sais qu'il fait
beau, je sais qu'il neige… »

L'instituteur regarde les copies.
Puis il appelle Théo :
« Voyons, Théo, ta rédaction sur le
chien ressemble trait pour trait à
celle de ton frère.
– C'est normal, m'sieur, on a le
même chien ! »

Un taureau gronde
son petit veau :
« Sur ton carnet, la maîtresse
a écrit : "Peut faire meuh". »

– Oui, mais la maîtresse est vache ! »

C'est la rentrée. Le maître demande à un élève :
« Quel est ton nom ?
– Machaut
– Épelle-le-moi
– M.A.C.H.A.U.T.
– Aime assez à chahuter ?
Eh bien, puisque c'est comme ça, tu me feras deux heures de colle ! »

Dans un autobus, un instituteur bavarde avec une petite fille.
« Comment t'appelles-tu ?
– Marie !
– Et quel âge as-tu ?
– J'ai six ans et je vais à l'école.
– Et moi, j'ai quarante-neuf ans et je vais encore à l'école !
dit le maître en plaisantant.
– Vraiment ? répond Marie d'un air tout à fait méprisant. Mais tu dois être complètement idiot ! »

« En 1840 on rapporta
les cendres de Napoléon, raconte
l'instituteur.
– Ah bon, s'exclame le cancre
de la classe, je ne savais pas
qu'il était mort dans un incendie ! »

« Pourquoi Charlemagne
a-t-il inventé l'école ?
– Parce qu'il ne risquait plus rien.
Il était trop vieux pour y aller. »

« Un professeur d'histoire
demande à ses élèves de citer le
grand personnage qu'ils préfèrent.
Les uns lancent Napoléon,
les autres Louis XIV ou Jeanne d'Arc.
L'élève Duchmoll se lève et dit :
« Le soldat Séféro !
– Le soldat Séféro ? Et où as-tu
entendu parler de lui ?
– Dans la Marseillaise, m'sieur.
On chante toujours : "Entendez-
vous, dans nos campagnes,
mugir Séféro, ce soldat" !!! »

Le professeur tente de se faire
entendre des élèves qui sont
au fond de la classe :
« Est-ce que vous m'entendez
bien ? demande-t-il.
– Oui oui, répond Loulou
qui discutait avec son voisin.

Mais ne vous en faites pas,
ça ne nous dérange pas. »

Continuez, ça ne nous dérange pas !

Loulou peine sur son devoir
de géographie :
« Dis, papa, tu sais où se trouve
la Grèce ?
– Demande-le plutôt à ta mère,
c'est elle qui range tout ! »

Le maître d'école explique
à Jojo :
« Tu as bien compris : Pour voir,
tu as tes yeux.

– Oui, m'sieur.
– Et pour entendre, tu as tes oreilles.
– Oui, m'sieur.
– Et pour sentir, tu as ton nez.
– Oui, m'sieur.
– Et pour goûter ?
– Pour goûter, j'ai un pain
aux raisins, m'sieur. »

Très fier, Jojo annonce à son père :
« J'ai été le seul à savoir répondre
à la question du professeur.
– Et c'était quoi cette question ?
– C'était : "Qui a mis une punaise
sur ma chaise ?" »

La maman de Thomas l'amène
au cours de violon pour passer
son examen.
Lorsqu'il commence à jouer,
ça grince de toutes parts.
Une dame s'exclame :
« Il n'est pas très doué, ce petit.
A son âge, ma fille jouait déjà
ce morceau admirablement.
Mais il faut dire qu'elle a beaucoup
d'oreille. »
Alors Thomas répond :
« Ben c'est pas juste, parce que moi
je n'en ai que deux d'oreilles. »

Loulou fait ses devoirs
et demande à sa maman :
« S'il te plaît, comment ça s'écrit
nouille ?
– N.O.U.I.L.L.E. Pourquoi ?
– Je dois écrire le mot "New York". »

M. Tartempion interroge son fils :
« Pourquoi le maître t'a-t-il mis
au coin ?
– Parce que je ne savais pas
ce que c'est qu'un angle ! »

Théo, rêveur, dit à sa maman :
« Oh moi, j'aurais tellement aimé
vivre au Moyen Age…
– Pourquoi, mon chéri ?
– Parce que j'aurais eu moins
d'histoire à apprendre. »

C'est une araignée qui, d'une voix
douce, propose à une mouche :
« Venez donc à mon école,
je vais vous apprendre à tisser.
– Non merci, je préfère filer ! »

L'institutrice dit sans se retourner :
« Loulou, tu me feras cent lignes
pour avoir bavardé en classe.
– Mais c'est pas moi, madame !
– Pourtant, je t'ai bien entendu.
– Alors, c'est que je parle
en dormant ! »

C'est Zézette qui demande
à Myrtille :
« Qu'est-ce que tu détestes le plus
à l'école ?
– Les maths, parce que ça me pose
des problèmes. »

L'institutrice regarde la dictée de
Martin :
« Voyons, je t'ai dit mille fois
qu'il n'y a qu'un P à apercevoir.
– Oui, mademoiselle, mais je ne sais
jamais lequel des deux enlever ! »

La maman qui fait le catéchisme
prépare les enfants :
« M. l'abbé va venir vous demander
qui vous a créés.
Loulou, tu répondras : "C'est Dieu
qui m'a créé." »
Arrive le jour de la venue du curé.
Il demande :
« L'un de vous peut-il me dire
qui vous a créés ? »
Grand silence…
Finalement, une main timide
se lève :
« Le petit garçon que Dieu a créé
n'est pas là. Il a la grippe. »

L'instituteur inspecte les mains
de ses élèves et n'est pas
très content du résultat…
« C'est honteux ! Vos mains
sont noires comme du charbon.

Sauf celles de Jojo, là-bas,
au dernier rang.
Approche-toi un peu, mon garçon,
que je te félicite… »
Tout fier, Jojo vient montrer
ses mains au maître.
« Voilà des mains impeccables.
Veux-tu dire à tes petits camarades
comment tu fais pour les garder
propres ?
– Ben, je m'les suce, m'sieur… »

Une mère sermonne son fils :
« N'oublie pas que nous sommes
sur terre pour travailler.
– Sur terre ? Bon alors, moi je serai
marin ! »

« Maman, maman, j'ai un 20.
– Très bien, mon chéri, et en quoi ?
– Eh ben, j'ai eu 6 en géographie,
5 en histoire, 4 en orthographe,
3 en calcul et 2 en gymnastique.
En tout, ça fait 20 ! »

« Dans ma famille, tous les
prénoms commencent par un A.
Mon grand-père s'appelle Albert,
mon père Alain, mon frère
Alexandre, ma grand-mère Annie,
ma mère Alice. Il n'y a que mon
grand-oncle qui s'appelle Oguste ! »

« **T**u as bien travaillé à l'école, Zézette ?
– Oui, j'ai su toutes les bonnes réponses et c'est pas juste parce que la maîtresse m'a mis faux partout alors que c'est elle qui n'a pas posé les bonnes questions ! »

L'instituteur demande à un élève :
« Cite-moi un animal à poil !
– Un nudiste ! »

« **P**apa, qu'est-ce que tu voudrais pour ton anniversaire ?
– J'aimerais que tu me rapportes un bon carnet.
– Trop tard, je t'ai déjà acheté une cravate ! »

Mary Touquet • Jean-Marie Renard

Dans la jungle
et ailleurs

En Afrique, un lion interroge une gazelle :
« Qui est le roi des animaux ?
– Vous, Majesté »,
s'écrie la gazelle,
toute tremblante.

Satisfait, le lion
se dirige vers le zèbre
auprès duquel il s'enquiert :
– Qui est le roi des animaux ?
– Vous, Votre Majesté, approuve
le zèbre, peu soucieux de discuter.
– Bien, dit le lion.
– Et il se tourne vers l'éléphant :

– Qui est le roi des animaux ? »
Enroulant sa trompe autour
du fauve, l'éléphant le fait
longuement tournoyer dans
les airs, avant de
le lancer, de toutes
ses forces, contre
un baobab.
– Bon, bon,
grommelle le lion
en se relevant,
endolori, ce n'est pas parce
que tu ne connais pas la bonne
réponse qu'il faut te fâcher. »

Deux directeurs de cirque
discutent :
« Avec la crise, j'ai perdu un million,
dit l'un.
– Moi c'est plus grave, répond
l'autre, j'ai perdu un lion entier ! »

Un tigre dit à un serpent :
« Fais attention, tu m'as donné
un coup de pied !
– Impossible, répond le serpent
vexé, je n'ai pas de pieds. »
Et il s'en va en haussant
les épaules !

Un monsieur interroge
l'employé d'un cirque :
« Est-ce vous qui domptez
ces féroces panthères ?
– Oh non, j'aurais bien trop peur.
Moi je me contente de les brosser
et de leur laver les dents ! »

Un lion rencontre une girafe.
Il a la crinière basse et il tremble.
La girafe s'étonne :
« Comment, toi le lion,
tu trembles ? Pourtant tu es le roi
de la jungle, tous les animaux ont
peur de toi.
– Hélas non, pas tous.
– Il y en a un qui n'a pas peur
de toi ?
– Hé oui, la lionne ! »

« Sais-tu quelle est la différence entre une boîte à lettres et une oreille d'éléphant ? Non ? Eh bien, je ne t'enverrai jamais poster une lettre ! »

« Regarde, c'est le dompteur de puces.
– Mais il est devenu dompteur d'éléphants…
– Hé oui, avec l'âge, la vue baisse ! »

« Comment fait-on entrer un éléphant dans un réfrigérateur en trois opérations ?
– On ouvre la porte, on met l'éléphant dans le frigo et on referme la porte ! »

« Comment s'aperçoit-on qu'il y a un éléphant dans le réfrigérateur ?
– Aux traces de pattes dans le beurre ! »

Un éléphant et une souris vont se baigner. La souris entre dans l'eau la première et, gentille, dit à l'éléphant :
« Tu peux venir, j'ai pied ! »

Une petite souris demande à un éléphant qui prend son bain :
« Dis, tu veux sortir de l'eau ?
– Pour quoi faire ?
– Pour voir quelque chose. »
Gentiment, l'éléphant obéit.
« Ouf ! J'ai cru que tu avais pris mon maillot de bain ! »

Dans le désert, une petite souris et un éléphant font la course. Soudain, la petite souris s'arrête et s'écrie :
« C'est fou ce qu'on fait comme poussière ! »

« **P**ourquoi les éléphants portent-ils des lunettes noires pour faire du parachutisme ?
– De peur d'être reconnus. »

« **Q**ue fit Tarzan après avoir vu les éléphants venir à lui avec des lunettes noires ?
– Rien du tout, il ne les a pas reconnus ! »

« **P**ourquoi les crocodiles
sont-ils plats ?
– Parce qu'ils ont traversé le désert
entre cinq heures et sept heures
du soir. »

« **P**ourquoi est-ce que
les éléphants se mettent du vernis
à ongles rouge ?
– Pour ne pas être aperçus quand
ils se cachent dans les fraises. »

« **E**t pourquoi est-ce qu'ils
se maquillent en jaune ?
– Pour ne pas être aperçus quand
ils sautent dans un bol de crème. »

« **P**ourquoi est-il dangereux
de se promener dans le désert
entre cinq et sept heures du soir ?
– Parce que les éléphants font
du parachutisme ! »

« **T**u as déjà vu un éléphant dans
les fraises ? Et dans un bol de crème ?
– Non, alors c'est que leur ruse
est bonne ! »

Le directeur de cirque décroche
le téléphone :
« Oui ?
– Je voudrais travailler chez vous !
– Que savez-vous faire ?
– Je sais sauter, danser et chanter !
– Et quoi encore ?
– Je sais jouer de la trompette !
– Ça ne suffit pas pour être engagé
dans un cirque !
– Non ? Mais alors, que voulez-
vous demander de plus
à un éléphant ? »

Un éléphant et une souris
marchent dans le désert.
Au bout d'une heure, la souris dit :
« Allez, à mon tour de te faire
de l'ombre ! »

« Comment fait un éléphant
pour descendre d'un arbre ?
– Il s'assied sur une feuille
et il attend l'automne ! »

73

Une maman kangourou dit à une autre :
« Pourvu qu'il fasse beau mercredi, je n'aime pas laisser les enfants jouer à l'intérieur ! »

Bébé Kankdoudou demande à sa mère :
« Maman, je peux mettre un ver luisant dans ta poche ? Parce que je voudrais lire un peu avant de m'endormir… »

Le docteur dit à Mme Kangourou :
« Vous vous grattez toujours le ventre. Ça vous fait mal ?
– Non, mais si vous croyez que c'est drôle de trimbaler toute la journée un enfant qui n'aime que les biscottes ! »

74

Mme Kang rentre d'une tournée de courses dans les grands magasins.
« Bonsoir, ma chérie, dit son mari, tu as passé une bonne journée ?
– Très bonne.
– Mais dis-moi, où est le petit ? »
Madame Kang jette un rapide coup d'œil à sa poche et s'écrie :
« Mon Dieu, j'ai été victime d'un pickpocket ! »

« Alors, cet examen, demande papa kangourou à sa fille ?
– Pas de problème, ne t'en fais pas, j'ai tout réussi, c'est dans la poche ! »

« Papa ! Maman ! s'exclament deux petits kangourous, qui jouent au ballon, vous ne pourriez pas vous mettre chacun à un bout du square, sur la pointe des pieds ?
– Mais oui, pour quoi faire ?
– On voudrait jouer au basket maintenant ! »

Le directeur d'un grand zoo télégraphie à l'un de ses fournisseurs :
« Ai besoin de singes. Expédiez-m'en deux. Mille amitiés. »
Et quinze jours plus tard, il reçoit la réponse :
« Impossible trouver deux mille singes. Vous en envoie cinq cents. Amitiés. »

C'est un chameau qui discute avec un dromadaire ?
« Pourquoi as-tu une bosse et non deux ?
– Parce que je regarde où je marche, moi ! »

« Qu'est-ce qu'un dromadaire ?
– C'est un chameau qui bosse à mi-temps ! »

Un chameau discute avec un dromadaire :
« Comment ça va ?
– Bien, je bosse, et toi ?
– Je bosse, je bosse. »

Un jour un Noir dit à un Blanc :
« Quand tu as peur, tu es vert,
quand tu es malade, tu es jaune,
quand tu vas au soleil, tu es rouge,
Et tu oses me dire que je suis
un homme de couleur ! »

Loulou discute avec Zézette :
« Cet été, je vais en Afrique.
– C'est bien, mais à ta place,
je me méfierais.
Tu sais qu'il fait très chaud, là-bas.
Au moins 30° à l'ombre.
– Et alors ? Je ne suis pas obligé
de rester à l'ombre ! »

Au bar du commerce, Tartempion
retient l'attention de tous
en racontant ses exploits :

« A ma droite, il y avait un énorme
lion féroce, à ma gauche,
un tigre prêt à bondir, derrière,
des éléphants monstrueux…
– Alors, qu'as-tu fait pour t'en sortir ?
– J'ai sauté en bas du manège ! »

A l'école vétérinaire,
l'examinateur demande :
« Avec quoi faut-il prendre
la température d'un gorille
qui a l'air malade ?
– Avec précaution ! » répond
un élève.

mais jamais un élan prendre
sa jaguar !

« **A**u zoo, écrit un petit garçon,
dans une rédaction, les gardiens
surveillent les animaux
et le gardien-chef empêche
les gardiens de s'échapper. »

La visite du zoo dure depuis
trois longues heures…
« Et maintenant, annonce le père
infatigable, nous allons voir
le tigre mangeur d'hommes.
– Tu ne préférerais pas, suggère
son jeune fils, voir un petit garçon
manger une glace au chocolat ? »

Dans la jungle, on a déjà vu
un jaguar prendre son élan,

GARDIENS
DE ZOO

« **P**ourquoi les Indiens
d'Amérique ont-ils froid ?
– Parce que Christophe Colomb
les a découverts. »

En Afrique, un homme promène
son chien en laisse.
Il rencontre un autre homme
avec un gros crocodile en laisse.
« Salut, sac à puces,
dit le gros crocodile au chien ! »
Et le chien répond :
« Salut sac à mains ! »

« **Q**ue dit le shah d'Iran quand
il prend des photos de sa femme ?
– Souris ! »

« **Q**u'est-ce qu'un rapace ?
– C'est un oiseau qui passe
et qui rapace ! »

On demande à un explorateur :
« Quel est la peau de l'animal
que vous avez eu le plus de mal
à rapporter de vos chasses ?
– La mienne ! »

SAC À MAIN !

SAC À PUCES !

« **C**omment les cannibales appellent-ils les jambes des missionnaires ?
– Les pattes alimentaires ! »

En classe, l'instituteur demande :
« Pourquoi n'y a-t-il plus de cannibales sur terre ?
– Parce que mon papa a mangé le dernier », répond Jojo.

« **Q**uel est le plus beau des compliments qu'un cannibale puisse faire à une fille ?
– Vous êtes belle à croquer ! »

Chez les cannibales, le plus difficile, pour les parents, c'est de trouver une baby-sitter végétarienne !

A l'heure du déjeuner,
un cannibale se plaint à sa femme :
« Dis donc, il est coriace,
ce morceau.
– Hé oui, soupire sa femme,
les missionnaires sont des
célibataires endurcis ! »

Une jeune cannibale annonce
à ses parents :
« Ce soir, je vais vous présenter
mon fiancé. Vous verrez, il est
très beau et très intelligent.

– L'essentiel, répond son père,
c'est qu'il soit bon et tendre ! »

Le chef d'une tribu cannibale
montre à un voyageur son nouveau
congélateur.
« Et qu'est-ce qu'il contient ?
– Les deux livreurs du magasin ! »

A la fin d'une scène, il est rouge, décoiffé, plein de bosses et de bleus. Il va trouver le metteur en scène, et lui crie :
« Vous croyez que c'est malin de crier "coupez" à chaque fois que je m'accroche à une liane ? »

En plein désert, un cactus demande à un autre :
« Tu connais le langage des humains ?
– Oui, c'est facile. Pour dire bonjour, ils disent "Aïe ouille !" »

Deux moustiques tournent autour de la jambe de Robinson Crusoë.
« Maintenant, j'ai plus faim, dit l'un, je me tire.
– D'accord, à Vendredi ! »

Toute l'équipe de tournage est réunie pour filmer un nouvel épisode de Tarzan. Tout se passe bien, sauf avec l'acteur principal.

À VENDREDI !

Mary Touquet • Jean-Marie Renard

Tu donnes ta langue au chat ?

« **C**omment appelle-t-on l'enfant
d'un chien ?
– Un chiot !
– Et si c'est une femelle ? »

Quel est le comble
du bricoleur ?

*C'est de clouer le bec à tout le monde et
de serrer la vis à ses enfants !*

Quel nombre dit une poule
quand elle pond ?

444719 (Cot cot cot c'est un œuf !)

Pourquoi les petits pois
se cueillent-ils au début du mois
d'avril ?

Parce que les petits pois sont d'avril !

Que dit une souris qui rencontre
une chauve-souris :

Ciel, un ange !

Faut-il dire : 6 + 7 font « t'onze »,
« onze », ou « z'onze » ?

Aucun des trois : 6 + 7 font treize.

Où trouve-t-on des chats marrants ?

Dans les livres parce qu'ils ont des chats pitres (chapitres) !

Comment se faisait annoncer Guillaume Tell lorsqu'il allait à une réception accompagné de son fils ?

Tell père, Tell fils !

Qu'est-ce que l'expérience ?

L'expérience, c'est ce qui vous permet de commettre une seconde fois la même bêtise, mais sans vous faire prendre !

Qu'est-ce que l'ignorance ?

L'ignorance, ça n'est pas quand vous ne savez pas quelque chose. C'est quand vous ne savez pas quelque chose et que quelqu'un s'en aperçoit !

A quoi reconnaissait-on un espion dans les troupes de Vercingétorix ?

Au fait qu'il rougissait quand on racontait des histoires gauloises !

Qu'est-ce qui est jaune et qui est dans l'arbre ?

La voiture du facteur qui a raté un virage !

Comment marcher sans toucher terre ?

En mettant ses chaussures !

85

Le frère est blanc, la sœur est noire.

Chaque matin, le frère tue la sœur et chaque soir, la sœur tue le frère. Jamais ils ne meurent. Qui sont-ils ?

Le jour et la nuit.

Pourquoi les Anglais n'aiment-ils pas les grenouilles ?

Parce qu'elles font le thé tard ! (têtard)

Comment appelle-t-on, aux Pays-Bas, un hamster femelle ?

Un hamster dame ! (Amsterdam)

Pourquoi les poules lèvent-elles une patte en dormant ?

Parce que si elles levaient les deux, elles se casseraient la figure !

Quel est le comble de la tendresse ?

Embrasser l'horizon !

Dans mon jardin, il tombe deux fois plus de neige que dans celui du voisin. Pourquoi ?

Parce que mon jardin est deux fois plus grand !

Pourquoi les poissons sautent-ils hors de l'eau lorsqu'il pleut ?

Parce qu'ils en ont assez de prendre un bain et qu'ils veulent prendre une douche.

Comment appelle-t-on un vieux routier à la retraite ?

Un usagé de la route !

Quelle différence y a-t-il entre un mille-pattes et un rhinocéros ?

996 pattes !

Un homme laisse son chien au pied de la Tour Eiffel et monte au deuxième étage. Qui est le plus haut : son chien ou lui ?

Son chien, parce qu'il est à 600 mètres (assis sans maître).

Que disent deux gommes enrhumées qui se rencontrent ?

Comment appelle-t-on l'aumônier des cafétérias ?

Le père colateur !

87

Pourquoi les musiciens aiment-ils les maisons avec du plancher ?

Parce que ce sont des domiciles à sol facile à cirer (do mi si la sol fa si la si ré)

Quel est le comble de l'agneau ?

C'est de marcher à pas de loup !

Que font trois poules sur un mur ?

Un nombre impair.

Que dit-on d'un garçon qui rapporte le pain à la maison ?

C'est le petit calepin (qu'a le pain).

Quelle est la couleur du parapluie du Président de la République lorsqu'il pleut ?

Il est tout vert (il est ouvert).

Que faut-il faire pour avoir les mains toutes douces ?

Surtout ne rien faire !

En Laponie, les gens mangent du poisson toute l'année.
Et le premier avril, qu'est-ce qu'ils s'accrochent dans le dos ?

Un bifteck !

Qu'est-ce qu'un navet spatial ?

Le mari de la navette spatiale !

Quelles sont les lettres que l'on boit au petit déjeuner ?

K.K.O.

« Que viens-tu faire ici, toi qui n'es pas d'ici ? Si tu ne pars pas d'ici, moi, je te mangerai.
– Si tu me manges, celui qui m'a mis ici te mangera. »
Qui parle ainsi ?

Un poisson dans l'eau, et un ver de terre accroché au hameçon d'un pêcheur !

Que voit-on
une fois dans une minute,
deux fois dans un moment
et zéro fois dans un siècle ?

La lettre M.

Pourquoi les policiers sont-ils les meilleurs nageurs du monde ?

Parce qu'ils viennent vers nous en nageant (agent)

Quelle est la capitale du Jemalou ?

Bobola !

I l siffle sans bouche, court sans jambes, frappe sans mains, passe sans paraître. Qui est-ce ?

Le vent !

Q ue dois-tu faire si tu rencontres un monstre tout vert ?

Attendre qu'il mûrisse.

J 'ai trois têtes, trois jambes, un bras et six doigts. Qui suis-je ?

Un menteur !

Tant que je vis, je dévore.
Dès que je bois, c'est la mort.
Qui suis-je ?

Le feu.

Que demande un bouc
dans une parfumerie ?

Une lotion after-chèvre !

Pourquoi les ivrognes préfèrent-
ils les femmes beaucoup plus
âgées qu'eux ?

Parce qu'elles ont de la bouteille !

A l'entrée d'une forêt, un homme noir, tout de noir vêtu, avance. Une voiture, tous feux éteints, arrive dans sa direction et s'arrête devant lui. Comment a-t-il fait pour la voir ?

Il faisait jour !

Quelle précaution faut-il prendre avant d'éteindre une bougie ?

Il faut l'allumer !

Quel est le futur de « Je bâille » ?

Je dors.

Qui fait vingt fois le tour de l'école sans réussir à y entrer ?

L'instituteur qui a perdu ses clés !

Quelle est la ressemblance entre un parachute et l'humour ?

Quand on n'en a pas, on s'écrase !

Un homme fait 20 pas de 50 centimètres pour se rendre d'un arbre à un poteau. Il arrive au poteau sur le pied gauche. De quel pied est-il parti ?

Du pied de l'arbre !

Quelles sont les lettres qu'il ne faut surtout pas déranger ?

O.Q.P.

Quel mois a 28 jours ?

Tous les mois ont 28 jours ou plus.

Sais-tu pourquoi les Anglais remuent leur thé de gauche à droite, les Allemands de droite à gauche et les Hollandais de bas en haut ?

Pour faire fondre le sucre.

Un homme sur une branche d'arbre, qu'est-ce que ça fait ?

Un homme de moins sur terre.

Et deux hommes sur une branche d'arbre, qu'est-ce que ça fait ?

Un homme de plus sur la branche.

Et trois hommes, sur une branche d'arbre, qu'est-ce que ça fait ?

Crac !

Quel est le comble de l'aviateur ?

S'arrêter devant le mur du son pour faire pipi !

Celui qui tue son père
est un parricide.
Celui qui tue son frère
est un fratricide.
Comment nomme-t-on
celui qui tue son beau-frère ?

Un insecticide parce qu'il tue l'époux (les poux) de sa sœur !

Qu'y a-t-il de pire qu'un bandit ?

Deux bandits !

Des touristes achètent 4 cartes
postales à 1 F 04.
Quel est le nombre, le sexe
et la nationalité de ces touristes ?

4 Françaises. (4 F 16)

Quel animal saute plus haut
que les arbres ?

*Tous les animaux car les arbres
ne sautent pas !*

Quelle est la ville dont
les habitants sont orphelins ?

Quimper ! (Qu'un père)

Où les enfants entrent-ils tous
quand ils ont sept ans ?

Dans leur huitième année.

Le chef de gare de Saint-
Nicolas-les-Oies donne le départ
du train à 9h30. Le chef de gare
de Dainville-les-Bains-de-pied
signale l'arrivée du même train
à 15 heures. Comment ces deux
chefs de gare s'appellent-ils ?

Par téléphone !

Il y a un Allemand, un Italien et un Suisse. Ils doivent lancer leur montre du haut de la Tour Eiffel et la rattraper avant qu'elle ne tombe sur le sol.

L'Italien lance sa montre, redescend en ascenseur et retrouve sa montre cassée. L'Allemand lâche sa montre, descend quatre à quatre l'escalier de la tour et retrouve sa montre en miettes. Quant au Suisse, il jette sa montre, descend gentiment en prenant tout son temps, s'arrête à l'étage intermédiaire, boit un café, descend encore, marche par marche, fait un peu de jogging autour des quatre pieds du monument puis va rattraper sa montre. Comment le Suisse a-t-il fait ?

Il a retardé sa montre de deux heures !

Un point bleu dans une jonquille, qu'est-ce que c'est ?

Une abeille en blue-jeans.

Qui fait « zzzzzb-zzzzzb-zzzzb » ?

Une abeille en marche arrière.

Et qui fait « Bzzzz vraoummm » ?

Une abeille qui change de vitesse.

e quel pays viennent les fées les plus douées ?

De Chine parce qu'elles ont deux baguettes !

'est l'histoire d'un tout tout petit monsieur, dans une toute toute petite maison.

Dans cette toute toute petite maison, il y a une toute toute petite pièce. Dans cette toute toute petite pièce il y a un tout tout petit secrétaire.

Dans ce tout tout petit secrétaire il y a un tout tout petit tiroir. Dans ce tout tout petit tiroir, il y a une toute toute petite enveloppe. Dans cette toute toute petite enveloppe, il y a une toute toute petite lettre. Et sur cette toute toute petite lettre, qu'y a-t-il d'écrit en tout tout petit ?

Ça fait cinq toutes toutes petites minutes que je vous casse les pieds !

ourquoi les souris n'aiment-elles pas les devinettes ?

Parce qu'elles doivent donner leur langue au chat !

97

Que disent deux poteaux électriques lorsqu'ils se rencontrent ?

Es-tu au courant ?

Quel animal mange avec sa queue ?

Tous. Aucun n'enlève sa queue pour manger !

Qu'est-ce qu'on n'a jamais vu et qu'on ne verra jamais ?

Un nid de souris dans l'oreille d'un chat !

Que dit une tasse à un cendrier ?

Je voudrais mon thé (monter).

Et que répond le cendrier ?

Je voudrais des cendres (descendre).

Qu'est-ce qui est à l'abri et est toujours mouillée ?

La langue !

Mary Touquet • Pronto

Sales gamins !

La maman de Lolotte et celle de Théo bavardent :
« Oh ! regardez Théo, il enfonce des clous dans votre belle commode ancienne.
– Bah, laissez-le faire, ce petit ! Le quincaillier est notre ami et nous avons les clous pour rien. »

Dans un grand magasin, une petite fille pleure à chaudes larmes. Une vendeuse s'approche d'elle gentiment et la questionne :
« Qu'est-ce qu'il y a, ma petite, tu es perdue ?
– Non, madame, fait la gamine en reniflant, moi je suis là. C'est ma maman qui est perdue ! »

« Oh ! Tom, tu as un chien, maintenant ? Comment as-tu fait pour décider tes parents ?
– C'est pas difficile, je leur ai demandé une petite sœur. Ils ont été bien ennuyés, et à la place, ils m'ont acheté un chien ! »

*L*a maman de Zoé, Jojo et Loulou
leur demande de faire la vaisselle.
Une demi-heure plus tard, elle revient
pour voir si le travail a été fait.
« Moi j'ai lavé, dit Zoé.
– Moi j'ai essuyé, dit Jojo.
– Et moi j'ai ramassé les morceaux »,
dit Loulou.

« *M*artin, je t'ai déjà dit
de ne pas jeter de pierres
sur le fils du voisin.

– C'est lui qui a commencé !
– La prochaine fois, appelle-moi,
ça vaut mieux !
– Mais, maman, tu ne vises pas mieux
que moi ! »

*N*os voisins doivent être
très pauvres.
Ils font toute une histoire parce que
leur bébé a avalé une pièce de 1F.

« Que fais-tu ?
– Rien.
– Et ton frère ?
– Il m'aide ! »

La maman de Dédé et Jojo
n'est pas contente :
« Qui a encore pris des cerises
sans permission ?
J'ai trouvé les noyaux par terre.
– Ça n'est pas moi, dit Loulou,
moi, les noyaux, je les avale ! »

Au dessert, Théo croque
sa banane sans l'éplucher.
Son père lui fait remarquer :
« Tu es fou ! Il faut enlever la peau !
– Oh, tu sais, depuis le temps
que j'en mange, je sais
ce qu'il y a dedans ! »

$\mathcal{L}$olotte part en classe de neige.
« Tu penseras très fort à moi,
lui dit sa maman.
– D'acc. Et au cas où j'oublierais,
j'y pense tout de suite. »

$\mathcal{L}$a mère d'une belle famille
de sept garçons part en vacances
avec toute sa tribu. Une fois arrivée,
elle envoie à ses voisins une carte
postale sur laquelle elle a écrit :
« Profitez bien de **NOS** vacances ! »

« $\mathcal{C}$a approche, les vacances ?
demande Mme Duchmoll
à Mme Tartempion ?
– Oh oui, formidable. Mon mari
a décidé d'emmener nos sept
enfants en Espagne.
– Eh ben dites donc, vous devez
avoir hâte d'y être.

– Oh mais moi, je ne pars pas !
Non, voyez-vous, cette année,
j'ai vraiment besoin de repos ! »

$\mathcal{L}$e papa d'Arthur joue aux cartes
avec son fils.
« Tu triches, lui lance-t-il, furieux.
– Oui, papa.
– Sais-tu ce qui arrive aux tricheurs ?
– Oui, papa, ils gagnent ! »

Dans un jardin public, un homme
est en colère :
« Madame, le sale gosse qui remplit
mon chapeau de sable,
c'est votre fils ?
– Non, monsieur. Mon fils, c'est celui
qui est en train de remplir
vos chaussures d'eau. »

Loulou, Théo, Jojo et Myrtille
sautent sur leur lit. Le sommier casse
et leur maman les punit.
« C'est pas juste, proteste Myrtille.
Parce que moi, je l'ai pas cassé,
moi j'étais en l'air quand le lit
a craqué. »

La maman de Clémentine
n'est pas contente :
« Regarde, le lait a débordé.
Je t'avais pourtant bien demandé
de surveiller ta montre.
– Mais je l'ai fait, maman.
Il était exactement 8 h 10
quand le lait a débordé ! »

Le papa de Marie lui dit :
« Tu travailles lentement,
tu comprends lentement, tu marches
lentement, y a-t-il quelque chose
que tu fasses vite ?
– Oui, je me fatigue vite ! »

« Lolotte, que ferais-tu
si tu étais riche ?
– C'est simple, j'achèterais un sac
de 100 kilos de bonbons
et j'inviterais tous les enfants
du quartier à me voir manger. »

Deux mamans discutent :
« Et comment vont vos enfants ?
– Mon premier a la varicelle,
mon deuxième a la rougeole
et mon troisième a les oreillons.
– Oh, vous savez, moi,
les charades… »

On demande à Jojo s'il fait bien sa prière tous les soirs...
« Oh non, c'est ma mère qui la fait.
– Et que dit-elle ?
– Enfin il est au lit,
merci, mon Dieu ! »

Une dame voit Zoé en train de pleurer :
« Pauvre chérie, tu t'es fait mal ?
– Non, c'est mon papa.
Il s'est tapé le doigt
avec un marteau.
– C'est pas grave,
faut pas pleurer pour ça...
– Eh ben justement, j'ai ri ! »

Un papa très heureux annonce à son petit garçon :
« Tu viens d'avoir une petite sœur.
– Génial ! Il faut prévenir maman ! »

Quelle est la fée que les enfants détestent le plus ?

La fée C.

106

*L*olotte va voir sa maman
et demande :
« Est-ce que je pourrais avoir encore
du chocolat ?
– On dit comment ? S'il ? s'il ? s'il ?
– S'il en reste encore ! »

« *L*es petites filles bien élevées
ne sucent pas leur pouce.
– Alors, elles sucent quel doigt ? »

« *Ç*a suffit ! Tu as encore mis
tes doigts sales sur la porte !
– Même pas vrai ! Moi je l'ouvre
à coups de pied ! »

*L*a maman de Juliette
lui propose :
« Viens m'aider, on va changer
ton petit frère.
– Pourquoi, il est déjà usé ? »

« *M*aman, au secours ! j'ai avalé
de l'encre, hurle Zézette.
– Tiens-toi tranquille, et dépêche-toi
d'avaler ce buvard ! »

107

MON PAUVRE JOJO, TU AS UN PETIT VÉLO DANS LA TÊTE !

ℒe papa de Jojo est en voyage. Le soir, Jojo demande à sa maman qui est déjà couchée : « Maman, maman, je peux dormir avec toi ?

– Hum, je ne sais pas…

– Allez oui, dis oui.

– D'accord, mais une seule nuit alors.

– Super ! s'écrie Jojo en grimpant sur le lit. Je vais jouer au papa. » Jojo se déshabille, s'installe sur le dos, les deux mains derrière la tête et soupire : « Si on offrait un V.T.T. au gosse pour son anniversaire ? »

« ℳaman, maman, je suis tombé de vélo.

– Quoi ? Avec ton pantalon tout neuf !

– Hé oui, je n'ai pas eu le temps de l'enlever. »

𝒪n sonne à la porte. Théo va ouvrir : « Bonjour, ma tante. Mais où est ton chameau ?

– Mon chameau ?

– Ben oui, à midi, papa a annoncé :
"Nous allons avoir la visite de
ce vieux chameau de tante Olivia !" »

C'est Lucette qui demande
à sa maman :
« Connais-tu l'histoire du petit café ?
– Non, répond la maman.
– Quoi ? Tu ne connais pas l'histoire
du petit qu'a fait dans sa culotte ? »

Une toute petite fille rentre
à la maison avec le fond de
sa culotte tout mouillé.
« C'est une catastrophe ! s'écrie sa
maman.
– Non, maman, c'est une
pipistrophe ! »

*L*oulou est insupportable. Le soir,
à bout de nerfs, sa maman crie :
« Allez, file au lit, tu me fatigues.
– Ça alors, c'est incroyable !
A chaque fois que tu es fatiguée,
c'est moi que tu envoies au lit ! »

« *T*u trouveras cinquante francs
dans cette enveloppe », écrit
un père à son fils parti en colonie
de vacances.
Le fils fouille la lettre et ne trouve
rien. Sur-le-champ, il téléphone
à son père :
« Papa, tu as oublié de mettre
les cinquante francs.
– Je sais, je l'ai fait exprès pour être
sûr d'avoir de tes nouvelles. »

« *Q*u'est-ce que tu as aujourd'hui,
tu es tout pâle, dit une camarade
de classe à son voisin le petit Max.
– Oh c'est rien, hier soir,
maman m'a mis dans la baignoire ! »

Charlie est tellement insupportable
que ses parents vont consulter
un pédiatre. Celui-ci conseille :
« Vous devriez lui acheter un vélo. »
Plein d'espoir, le père questionne :
« Et vous croyez qu'avec un vélo,
il fera moins de bêtises ?
– Non, mais au moins,
il les fera ailleurs ! »

Au catéchisme, un petit garçon
récite son *Notre Père* :
« Pardonne-nous nos offenses
comme nous pardonnons aussi
à ceux qui nous ont tant fessés. »

« Papa, si je te fais gagner
dix francs, combien me donnes-tu ?
– Je ne sais pas : la moitié,
cinq francs.
– Eh bien, donne-les-moi tout
de suite parce qu'on avait parié
dix francs que je serais dans les dix
premiers et je suis onzième. »

« Patrice, pourquoi ton petit frère
pleure-t-il ?
– Parce qu'il me voit manger
mon gâteau. De toute façon,
c'est un grincheux, il pleurait déjà
quand j'ai mangé le sien. »

En bordant sa petite fille
dans son lit, sa maman lui dit :
« Bonne nuit ! Et si tu fais
un cauchemar, appelle-moi,
papa viendra. »

Max rentre de l'école :
« Papa, fait-il, Raphaël m'a dit
que je te ressemblais.
– Et que lui as-tu répondu ?
– Rien, il est plus fort que moi ! »

« Jojo, tu ne dois pas jouer dans
la rue avec les enfants mal élevés.

Pourquoi ne vas-tu pas plutôt avec ceux qui sont comme il faut ?
– Moi je voudrais bien, mais ce sont leurs parents qui ne veulent pas ! »

Un petit garçon demande à son papa :
« Dis, papa, comment s'appelle le bateau blanc là-bas ?
– Un yacht !
– Et comment ça s'écrit : "Yacht" ?
– Euh… euh…
Tu as raison, c'est un bateau blanc. »

Papa a entrepris d'aller coucher le petit Jojo. Pendant ce temps, sa femme s'installe dans un fauteuil et regarde la télé. Une heure plus tard, le petit Jojo entre dans la pièce en disant : « Ça y est, maman, j'ai enfin réussi à endormir papa ! »

Mme Tartempion bavarde avec sa voisine :
« C'est terrible, mon fils est couvert de boutons. Il a la varicelle. Et votre fils, il l'a déjà eue la varicelle ?
– Chut ! Dès qu'il entend parler de quelque chose de nouveau, il veut l'avoir. »

MOI AUSSI, J'AIME BIEN LE NOUVEAU ! SURTOUT LE BEAUJOLAIS !

Louis rentre de l'école avec
le genou écorché.
« Pauvre chou, tu as dû beaucoup
pleurer, compatit sa maman.
– C'était pas la peine, y'avait
personne. »

Quelles sont les quatre lettres
que les parents disent
le plus souvent ?
O.B.I.C. !

Moi C'EST GHTDBD !

C'est Loulou qui a traité son voisin
« d'imbécile heureux ».
Son père l'emmène aussitôt faire
des excuses.
Le voisin est gentil, il pardonne
à Loulou et en signe d'amitié,
lui offre une plaquette de chocolat.
Alors Loulou : « Super, demain,
je vais trouver une nouvelle injure
à lui lancer ! »

Rentrant chez lui, un monsieur
voit un petit garçon
dans son cerisier :
« Tu n'as pas honte, petit, de venir
voler mes cerises ? Je vais prévenir
ton père. »
Le petit garçon lève la tête vers le
haut du cerisier et dit :
« Papa, il y a un monsieur qui veut
te parler ! »

Mary Touquet • Pronto

Horriblement marrant

Deux poules observent tristement une casserole dans laquelle mijote un coq au vin. L'une d'elles constate : « Voilà ce qui arrive aux alcooliques ! »

« Qu'est-ce qui a deux yeux et 80 dents ?
– Un crocodile.
– Et qui est-ce qui a 80 yeux et deux dents ?
– Un car du troisième âge ! »

En classe de physique, le professeur met de l'eau à chauffer sur le feu. Bientôt, la bouilloire chante.
« A votre avis, demande le maître, qu'est-ce qui produit ce bruit ?
– Ça, ce sont les microbes qui crient avant d'être cuits ! »

« Où as-tu perdu ta jambe ?
– Sur la mer. Je faisais la planche et je suis tombé sur un poisson-scie ! »

Une « maman gâteau » écrit
au directeur de la colonie
de vacances où elle a inscrit son fils :
« Mon petit Thomas est un enfant
très sensible. Alors, s'il fait une
sottise, surtout ne le frappez pas.
Lancez simplement une grande gifle
à son plus proche voisin.
Cela suffira pour impressionner
mon fils ! »

En Afrique, deux vétérinaires
opèrent un éléphant…
quel travail ! Quand le ventre
de l'animal est recousu,
un des vétérinaires demande
à son confrère :
« J'espère que tu n'as pas oublié
d'instrument dedans ?
– Non, répond l'autre,
mais tu n'as pas vu l'infirmière ? »

« Les locataires du cinquième
sont impossibles. Hier, ils ont frappé
du pied sur le plancher pendant
une demi-heure.
– Ils vous ont réveillé ?
– Non, heureusement ! A cette
heure-là, je jouais de la trompette ! »

Ce matin-là, Jojo arrive à l'école en retard et bien mal en point.
Il a la tête entourée d'un bandage.
La maîtresse s'inquiète :
« Qu'est-ce qu'il t'est arrivé, mon petit ?
– J'ai été piqué par une guêpe, m'dame.
– Mais tu n'as pas besoin d'un bandage pour cela.
– Mais si. Papa l'a tuée avec sa pelle ! »

MAIS QUELLE MOUCHE L'A PIQUÉ ?

C'est un fou qui rencontre une dame :
« Chère madame, comment allez-vous ? demande-t-il aimablement. Et votre époux que devient-il ? Toujours… »
Soudain, il s'arrête net. Il vient de se souvenir que le mari de la dame est mort il y a un mois. Alors, il enchaîne :
« Toujours dans le même cimetière ? »

Un homme vient de se faire renverser par une voiture.
La conductrice, bien embêtée, propose de l'aider :
« Regardez, vous avez de la chance, on est juste devant le cabinet d'un médecin.
– Oui, sauf que le médecin, c'est moi ! »

GÉNIAL!

Trois naufragés sont sur une île déserte. Ils désespèrent de s'en sortir quand, soudain, un génie apparaît dans une noix de coco et leur propose à chacun de faire un vœu.
Le premier naufragé demande à rentrer chez lui, et il est exaucé.

Le deuxième veut retrouver sa femme et ses enfants.
Il est exaucé aussi.
« Et toi, que veux-tu ? demande le génie au troisième.
– J'aimerais que mes deux copains reviennent. »
Et il est exaucé !

« **P**ourquoi la persuasion est-elle
une qualité essentielle pour
les missionnaires ?
– Parce que, dans cette profession,
quand on n'est pas cru,
on est cuit ! »

« **A**llô police, je viens d'écraser
un poulet, que dois-je faire ?
– Eh bien, plumez-le et faites-le cuire
à thermostat 6.
– Ah bon, et qu'est-ce que je fais
de la moto ? »

Jojo rentre de l'école tout griffé.
« Mon pauvre chéri, quel est

le monstre qui t'a fait ça ? demande
sa maman.
Saurais-tu le reconnaître ?
– Oui, maman, j'ai son oreille
dans la poche ! »

Deux lions contemplent
une trousse médicale.
« C'était un bon vétérinaire, dit l'un.
– Oui, répond l'autre, dommage
qu'il n'en reste plus ! »

Dans la jungle, un lion s'apprête
à dévorer un missionnaire.
« Ô mon Dieu, dit le missionnaire
tout tremblant, inspirez à ce lion
des pensées chrétiennes. »
Aussitôt le lion s'arrête, lève les yeux
au ciel et dit :
« Mon Dieu, bénissez ce repas
que je vais prendre. »

Au cours d'une corrida,
un toréador glisse et s'étale
dans l'arène. Le taureau fonce
sur lui, s'arrête net et dit :
« Et maintenant,
hein, si je voulais
être vache ! »

121

« Quel est le comble du mauvais goût pour un fantôme ?
– C'est de faire du mauvais esprit… »

Un fantôme sort d'un château hanté en Écosse.
Deux minutes plus tard, il revient :
« Avec le froid qu'il fait, ça glisse terriblement, alors je vais mettre des chaînes ! »

Le petit Jojo n'a pas peur des fantômes. Toutes les nuits, il y en a un qui vient lui rendre visite. Cette fois-ci, Jojo lui dit :
« Hé, fais gaffe, t'as perdu ton mouchoir !
– Oh merci. Mais c'est pas mon mouchoir, c'est mon petit frère ! »

Un groupe de touristes visite un très vieux château dans le Massif central. Une dame interroge le guide en frissonnant :
« On dit que des fantômes habitent ici.
– Ça m'étonnerait, répond le guide. Cela fait 300 ans que j'y habite, et je n'en ai jamais rencontré ! »

C'EST UNE QUESTION DE SANG-FROID !

La maîtresse dit à Loulou :
« Une grande rue s'appelle
une artère.
– Ouais, et la traverser sans se faire
écraser, c'est une veine ! »

« Quels sont les bateaux préférés
des vampires ?
– Les vaisseaux sanguins ! »

« Maman, c'est quoi un vampire ?
– Tais-toi, et mange ta soupe avant
qu'elle coagule ! »

« Comment se fait appeler
un vampire snob ?
– Mon Saigneur ! »

« Que dit le comte Dracula après
avoir saigné une jolie créature ?
– Merci beau cou ! »

LES JOLIES FEMMES, J'AI ÇA DANS LE SANG !

Un homme tourne autour d'une bouche d'égout ouverte en répétant sans arrêt le chiffre 36. Poussé par la curiosité, un autre homme s'approche. A ce moment, le premier en profite et hop, il le pousse dans le trou. Puis il reprend sa ronde en répétant : « 37 37 37… »

Prudente, la maman allumette recommande à ses enfants : « Et surtout, ne vous grattez pas la tête ! »

« Maman, maman, l'armoire est tombée ! — Mon Dieu, il faut prévenir ton père ! — Mais il le sait déjà, il est en dessous ! »

Théo demande à sa mère : « C'est vrai que quand on meurt, on devient poussière ? — Eh oui, hélas ! — Alors, viens voir, il y a un mort sous mon lit ! »

C'est une vieille dame qui loue sa maison pendant les vacances. Elle explique à son locataire : « La vue est magnifique ! La salle à manger donne sur un virage. En été, il y a au moins un accident par repas ! »

CHÉRIE, MON ROTI, JE LE VEUX COMME LE VIRAGE, SAIGNANT!

Un bègue participe à une grande chasse en Afrique. Tout à coup, il s'écrie : « Hip hip hip… »
Et tous ses amis de continuer : « Hourra ! »
Deux secondes après, ils sont piétinés par un hippopotame en furie !

« Madame, je suis désolée pour vous, dit le médecin, mais vous avez attrapé la rage quand ce chien vous a mordue. Je ne peux, hélas ! plus rien faire pour vous soigner.
– Bien, dit la dame, alors donnez-moi au moins un papier.
– Vous voulez écrire votre testament ?
– Non, je fais la liste des gens que je vais mordre ! »

Loulou a l'habitude d'emmener tous les dimanches son petit frère à la pêche. Or, ce dimanche-là, il refuse catégoriquement de le faire. Étonnée, sa maman lui demande :
« Qu'est-ce qui se passe, il t'a embêté ?
– Non.
– Il a fait du bruit ?
– Non.
– Alors, pourquoi ne l'emmènes-tu pas ?
– Parce que, la dernière fois, il a mangé tous les asticots ! »

IL A PEUT-ÊTRE LE VER SOLITAIRE !

« La télé ne pourra jamais remplacer les journaux, tu sais ça, mon fils ?
– Pourquoi, papa ?
– Tu as déjà essayé d'écraser un moustique avec un poste de télé ? »

« Dis-moi, chérie, tu exagères de me demander de sortir. Il fait un temps à ne pas mettre un chien dehors.
– Mais je ne t'ai jamais dit de sortir le chien ! »

Deux clochards assis sur un banc regardent leurs pieds. Le premier dit à l'autre :
« Tu as les pieds plus sales que moi.
– Normal, répond l'autre, j'ai six ans de plus. »

« Qu'est-ce qu'un squelette dans une armoire ?
– C'est un idiot qui a joué à cache-cache ! »

Avant de quitter l'hôtel, un voyageur se plaint :
« J'ai trouvé une puce morte dans mon lit.
– Quelle histoire pour une puce morte !
– C'est qu'il y avait beaucoup de monde à son enterrement ! »

ÇA ME DÉMANGEAIT DE LUI DIRE !

Un homme se noie. Il hurle :
« Au secours, au secours, je ne sais pas nager ! »
Tartempion qui passe par là le regarde et s'énerve :
« Et alors ? Moi non plus je ne sais pas nager, et je ne crie pas. »

Théo revient de l'école avec un grand sourire :
« Maman, j'ai fait une super bonne action aujourd'hui !
– Ah bon, et quoi donc ?
– Myrtille avait mis une punaise sur la chaise du maître.
Alors, quand il a voulu s'asseoir, j'ai enlevé la chaise ! »

« Comment un monstre fait-il pour compter jusqu'à 28 ?
– En comptant sur ses doigts ! »

arrivent dans un canot et crient pour
attirer son attention :
« Hé, Esquimau !
– Ah non, chocolat glacé, répond
le Noir ! »

Papa lit le journal. Loulou
l'interrompt :
« Papa, papa, il y a une guêpe
au plafond !
– Écrase-la avec ton pied et laisse-
moi tranquille… »

C'est un Noir échoué sur
un glacier flottant. Les sauveteurs

« Mais enfin, Jojo, c'est quoi ce zéro en expression écrite ? Qu'est-ce que tu as bien pu raconter ?
– Eh ben j'ai dit : "J'étais dans la forêt, sur un petit chemin, et là, sous une feuille, je reconnais la crotte de Zézette, puis un peu plus loin, celle de Dédé..."
– C'est pas possible de raconter des bêtises pareilles. Quel était donc le sujet demandé ? demande le papa de Jojo.

– C'était : "C'est dans le besoin qu'on reconnaît ses amis", répond Jojo en sanglotant. »

« Ah non ! dit la maman de Julien, je ne veux pas que tu prennes le marteau. Tu risques de te faire mal.
– Mais non, je te promets que c'est ma petite sœur qui tiendra les clous ! »

Mary Touquet • Robert Scouvart

Aïe, Aïe, Aïe !

Mme Tartempion discute avec la fermière près de l'étable :
« Et votre homme ?
– Il va de pis en pis.
– Il est donc si malade ?
– Mais non, il est en train de traire les vaches ! »

C'est un clown qui confie à son médecin :
« Je ne sais pas ce que j'ai, docteur, depuis quelques jours, je me sens tout drôle ! »

Chez le dentiste, une maman dit à son fils :
« Allez, sois gentil, Félix, ouvre la bouche que le docteur puisse retirer ses doigts ! »

« Oh ! Madame Duchmoll, vous avez une superbe appendicite !
– Docteur, je viens ici pour me faire soigner, pas pour être admirée ! »

hez le pédiatre, une jeune maman demande :
« Docteur, comment saurai-je si mon bébé va percer une dent ?
– C'est très simple, vous frottez légèrement sa gencive avec votre doigt…
– Avec mon doigt ?
Mais les microbes…
– Faites-le donc bouillir avant ! »

n monsieur très ignorant reçoit une lettre de l'instituteur :
« Monsieur, j'ai constaté que votre enfant avait une forte tendance à la myopie. Veuillez faire le nécessaire. »
Alors le monsieur répond :
« Vous avez eu raison de m'avertir. Je lui ai donné une bonne fessée, il ne recommencera plus ! »

octeur, vraiment, c'est inquiétant, je perds mes dents et mes cheveux, qu'en pensez-vous ?
– Que vous devez vraiment être très très distrait ! »

« ela fait maintenant une semaine que je vous soigne pour une jaunisse, dit le médecin à son client, et c'est maintenant que vous m'expliquez que vous êtes chinois ! »

133

Une infirmière entre dans
la chambre d'un malade qui va être
opéré dans quelques minutes
et le trouve en plein sommeil :
« Réveillez-vous, lui dit-elle en le
secouant, on va vous endormir ! »

« **M**aman, j'ai mal aux yeux,
je voudrais aller vois un z'yeutiste.
– Tu veux dire plutôt un oculiste.
– Mais enfin, je sais bien
où j'ai mal… »

C'est Jojo qui dit à Loulou :
« Il n'y a aucune raison pour que
je te donne un morceau
de chocolat : toi, tu ne me fais
jamais de cadeau.
– Erreur. Le mois dernier,
je t'ai donné ma varicelle ! »

« **A**vez-vous de la fièvre ?
demande le chirurgien
à un malade.
– Non, je ne dois plus en avoir,
l'infirmière me l'a prise ce matin ! »

Ce monsieur vient de se faire
piquer par une dizaine d'abeilles.
Il est conduit d'urgence à l'hôpital.
« Ne vous en faites pas, dit
le docteur. Allongez-vous, je vais
vous faire une petite piqûre ! »

« Bonjour, docteur. Écoutez,
je ne sais pas ce qui se passe,
j'ai toujours l'estomac dans
les talons.
– Bien, déchaussez-vous,
nous allons voir ça ! »

Le docteur Lejeune demande
à son patient :
« Pourquoi n'êtes-vous pas venu
me voir plus tôt ?
– Je ne pouvais pas, docteur,
j'étais malade ! »

Le chirurgien se prépare
à opérer une dame. Au moment
où il va l'endormir, elle lui dit :
« Enlevez votre masque, docteur,
je vous ai reconnu ! »

Un monsieur conseille à son meilleur ami :
« Tu devrais aller chez le dentiste.
– Tu crois ?
– J'en suis sûr ! Écoute,
si tu perdais toutes tes dents,
tu t'en mordrais les doigts ! »

Une dame téléphone à son médecin :
« Allô, docteur, pouvez-vous venir,
mon mari est cloué au lit depuis
deux jours.
– Bien sûr, répond le docteur,
le temps de trouver une paire
de tenailles et j'arrive ! »

Le docteur Dorras est désolé :
« Mon pauvre ami, hélas,
il va falloir vous amputer
des deux jambes.
– Ah, docteur, je vous préviens,
si vous faites ça, je ne remettrai
plus jamais les pieds chez vous ! »

« Docteur, je suis tombé dans
la rue. J'ai mal au dos.
– C'est près des vertèbres ?
– Non, près de la plage ! »

« **M**aman, tu sais, en classe,
on a étudié un morceau
de poumon au microscope.
– Ah oui ? Et de quel animal ?
– Ben, il était si petit que ça devait
être le poumon d'un moustique ! »

Un étudiant en médecine passe
son examen. L'examinateur
lui demande :
« Qu'est-ce qui provoque
la transpiration ?
– Vos questions, monsieur. »

C'est Alice qui demande
à Félix :
« Sais-tu pourquoi il y a des trous
au fond des pots de fleurs ?
– Oui, c'est pour qu'on puisse
prendre la température
des plantes ! »

Un opticien a mis cette affiche
en vitrine :
« Si vous ne pouvez lire ce texte,
alors, n'hésitez plus, entrez nous
consulter… »

M. le Martien s'apprête
à se rendre à son bureau à pied.
Étonnée, sa femme lui demande :
« Mais, chéri, tu ne prends pas
ta soucoupe, aujourd'hui ?
– Non, ce matin je ne suis pas
dans mon assiette ! »

Une maman se tracassait beaucoup. Elle ne savait comment décider son fils à venir chez le dentiste. Finalement, elle eut l'idée géniale de lui dire : « Rends-toi bien compte, après ça tu auras une dent en moins à laver matin et soir ! »

Un médecin assiste un mourant. Charitablement, il l'avertit de son état : « Monsieur, je suis désolé, mais il faut vous attendre au pire. Est-ce que je peux encore faire quelque chose pour vous ? – Oui, envoyez-moi un autre médecin ! »

Un client revient chez le pharmacien : « Votre dentifrice a un goût infect. – Et alors ? De toute façon, vous le recrachez ! »

J'ADORE LE MONO-FLUROPHOSPHATE DE SODIUM.

Une dame confie à une amie :
« Depuis que le médecin est venu,
mon fils ne veut plus prendre
de bain.
– Ah bon, pourquoi ?
– Parce qu'il lui a dit qu'il avait
une santé de fer, et maintenant,
il a peur de rouiller ! »

À l'examen de médecine,
l'examinateur demande à Bruno :
« Qu'y a-t-il sous les os du crâne ?
– Désolé, je ne l'ai pas en tête… »

Un homme se présente chez
le médecin :
« Voi-voilà-doc-doc-docteur,
je bébé, je bégaie. »
Alors, le médecin : « Bien, nous
zaza, nous zalons, a-a-a-rran,
arranger ça ! »

Une dame dit à un oculiste :
« Docteur, je suis inquiète, ma vue
baisse.
– Ah, fait l'oculiste, et quelle est
votre profession ?
– Ben justement, je suis voyante ! »

Deux 9 aperçoivent un 6.
« Oh celui-là, il est pas bien !
dit l'un.
– Ah bon, pourquoi ?
– Tu ne vois pas ? Il marche
sur la tête ! »

Le médecin vient de sortir
de la chambre de ce vieux malade.
« Comment le trouvez-vous ?
demande sa femme.
– Comment voulez-vous
que je le trouve,
puisqu'il est perdu ! »

« Mais enfin pourquoi n'avez-
vous pas pris vos médicaments ?
– J'ai suivi les instructions
marquées sur le flacon :
"Tenir soigneusement fermé." »

« Oh, dit un crayon de couleur
à un crayon à papier, comme tu as
mauvaise mine !!! »

L'infirmière demande au
malade :
« Est-ce que ça vous ennuierait
beaucoup de vous trémousser
et de sauter sur votre lit ?
– Hein ? Pourquoi ?
– Eh bien, j'ai oublié de secouer
le flacon avant de vous donner
votre médicament ! »

142

Le roi souffre des dents.
Son dentiste lui dit :
« Sire, il faudrait changer
de couronne.
– Ah ça jamais ! » répond le roi.

« Maman, maman, emmène-moi
chez le docteur !
– Et pourquoi, ma fille ?
– Parce que la maîtresse m'a dit
de soigner mon écriture ! »

La maman de Thomas
lui demande :
« Qu'est-ce que tu voudrais faire
plus tard ?
– Je ne sais pas, mais sûrement pas
oculiste.
– Pourquoi ?
– Parce que ce sont des gens
qui travaillent à l'œil ! »

AVEC LES OREILLES...

« Avec quoi voit-on ? demande
l'instituteur à Félix.
– Avec les oreilles… qui servent
à tenir les lunettes ! »

Un patient se rend chez
son médecin :
« Docteur, vite, faites-moi
une piqûre antibritannique.
– Vous voulez dire antitétanique ?
– Non non, je me suis blessé
avec une clé anglaise ! »

Le dentiste à son client :
« Vous avez une dent morte.
Je vous fais une couronne ?
– Non merci, enterrez-la
sans cérémonie. »

Un monsieur entre dans
une pharmacie. Il y rencontre
un ami :
« Mon pauvre vieux,
comme te voilà arrangé !
Qu'est-ce qui t'arrive ?
– Un rhume de cerveau.
– Oh ! là ! là ! c'est grave ?
– Ne t'inquiète pas, ça ne peut pas
t'arriver. Il faut avoir un cerveau
pour attraper ce genre
de rhume ! »

Un médecin demande à son
patient :

« Vous bégayez toujours comme
ça ?
– N… non… doc… doc… docteur,
seu… seule… seulement quand
je parle ! »

Loulou sort tout joyeux
de l'école :
« Maman, maman, j'ai eu 10.
– C'est bien, mon chéri. Et en quoi ?
– A la visite médicale : 10 à l'œil
droit et 10 à l'œil gauche. »

« **D**octeur, je ne comprends pas : vous me prescrivez des gouttes pour les yeux, alors que je me suis blessé au doigt ?
– C'est pourtant simple : si vous aviez vu ce clou, ça ne serait pas arrivé ! »

Une étudiante en médecine passe un examen oral. L'examinateur lui demande de commenter une radiographie de crâne :

« A mon avis, il s'agit d'un singe, même d'un vieux singe car il n'a plus de dents au fond…
– Je vous remercie, mademoiselle, répond l'examinateur, mais le vieux singe, c'est moi ! »

A l'hôpital, le chirurgien visite un malade :
« Mon ami, j'ai deux nouvelles à vous annoncer. Une bonne et une mauvaise. La mauvaise, c'est que j'ai été obligé de vous couper les pieds. Et voici la bonne : votre voisine veut bien vous racheter vos chaussures ! »

« **E**st-il exact, monsieur, que vous soyez vétérinaire ?
– Oui, pourquoi ? Vous êtes souffrant ? »

Une dame va voir son médecin :
« J'espère, madame, que vous
avez bien suivi mon ordonnance.
– Vous n'y pensez pas, docteur !
Si je l'avais suivie, je serais morte.
Elle s'est envolée par la fenêtre
du dix-huitième étage ! »

« Moi, ma clientèle grandit
de jour en jour.
– Ah bon, et quel métier
faites-vous ?
– Pédiatre ! »

Un homme se présente chez son
médecin :
« Docteur, j'ai perdu la mémoire.
– Depuis quand ?
– Depuis quand quoi ? »

Six gamins arrivent chez
le dentiste :
« Je viens pour me faire arracher
une dent, annonce l'un d'entre eux.
– Et tes petits camarades,
interroge le dentiste,
qu'est-ce qu'ils viennent faire ?
– Eux ? Ils viennent pour
m'entendre crier ! »

Mary Touquet • Robert Scouvart

Encore un effort !

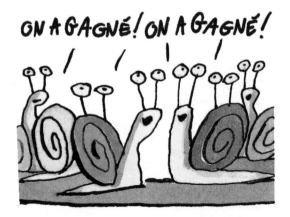

Dans une épreuve de ski
qui oppose un Noir à un Blanc,
c'est toujours le Noir qui gagne.
Pourquoi ?
Parce que le Blanc est toujours
battu en neige !

Jo le boxeur se plaint
d'insomnies.
« Avez-vous essayé de compter
les moutons ? demande son docteur.
– Oui, docteur, mais à chaque fois
que j'arrive à 9, je me relève. »

C'est un joueur de football
un peu spécial. Il va consulter
un médecin.
« Cela fait longtemps que vous
vous prenez pour une poule ?
lui demande celui-ci.
– Oh, ça remonte à mes débuts,
quand je jouais dans l'équipe
poussin ! »

Se promenant au bord d'une
rivière, un passant s'étonne auprès
d'un pêcheur :

« C'est curieux, vous appâtez avec des noyaux ?
– Oui, mais je vous ferai remarquer que ce sont des noyaux
de pêche ! »

Deux fous sont en train de se baigner dans un lac glacé.
« L'eau est froide, dit l'un.
– Oui, répond l'autre, on supporte son maillot. »

Le grand champion olympique est au lit avec la grippe.
Le médecin lui demande :
« Vous avez de la fièvre ?
– 39,5 °C. C'est beaucoup, docteur ?
– Pas mal, oui.
– Est-ce que j'ai battu le record du monde ? »

Deux alpinistes font une ascension. Alors qu'ils tentent de traverser un précipice dangereux, le premier raconte :
« La dernière fois que je suis passé ici, mon guide est tombé dans ce précipice.
– Quelle horreur ! s'exclame l'autre. Et qu'as-tu fait ?
– Rien, il lui manquait beaucoup de pages. »

hez un entraîneur de boxe,
un homme entre sans frapper :
« Je suis boxeur et je voudrais être
engagé.
– Où s'est déroulé votre dernier
combat ?
– Dans un bureau comme le vôtre
où on ne voulait pas m'engager ! »

Deux amis bavardent :
« Le sport, mon vieux, il n'y a que
cela pour rester en bonne santé.

– Bah, nos ancêtres n'en faisaient
pas autant, et ils se portaient bien.
– Ils se portaient bien,
ils se portaient bien…
N'empêche qu'ils sont tous morts
maintenant ! »

 est deux fous qui font le Paris-
Dakar. Ils sont en plein désert.
« Il vient de neiger, dit le premier.
– Tu crois ? répond le deuxième,
plutôt étonné.
– Ben oui, regarde, ils ont tout
sablé ! »

« **V**oilà quarante ans que je mange du bifteck tous les jours, dit un homme à son copain. Résultat, je suis fort comme un bœuf !
– Ça c'est curieux, répond l'autre. Moi je mange du poisson depuis cinquante ans et je ne sais toujours pas nager ! »

Un grand champion de tennis a perdu la finale de Roland-Garros. Dégoûté, il prend un pistolet, il appuie sur la détente et s'écroule. Un de ses copains ne comprend rien à son geste. Il demande à son partenaire :
« Mais qu'est-ce qui lui est passé par la tête ?
– C'est très simple… Une balle ! »

Martempion est d'une humeur de cochon : ce matin, en pêchant, il a laissé tomber sa montre en or dans la rivière. Malgré tout, il continue à pêcher, et il a le bonheur de tirer hors de l'eau un énorme poisson. Il le ramène à la maison, et explique à sa femme toute l'histoire. Celle-ci prend la bête, commence à l'ouvrir, et Ô merveille, devinez ce qu'elle trouve à l'intérieur ?
Plein d'arêtes !!!

Duchmoll est bien embêté. Il a passé la journée à la pêche et n'a rien ramené. En désespoir de cause, il va chez le poissonnier :
« Combien pèse ce poisson ?
– Huit kilos, monsieur.
– C'est trop, ma femme ne croira jamais que c'est moi qui l'ai pêché. Coupez-le en deux et donnez-m'en la moitié ! »

Un automobiliste s'arrête dans un petit chemin pour faire la sieste. Il a à peine commencé à fermer les yeux, qu'on frappe à sa vitre. C'est un homme qui fait du jogging et qui demande :
« Vous avez l'heure ?
– 14 h 00. »
L'automobiliste vient de se rendormir quand on frappe à nouveau à sa vitre :
« Vous avez l'heure ?
– 14 h 10. »
Pour ne plus être dérangé, l'automobiliste a une idée. Il pose un papier sur le pare-brise avec l'inscription : « Je n'ai pas l'heure. »
Il est tout juste rendormi qu'un autre coureur frappe à sa vitre et lui crie : « Il est 14 h 20 ! »

Dans un café, des chasseurs discutent. Un petit homme les écoute. Au bout d'un moment, il se décide à prendre la parole et raconte :
« Moi aussi, j'ai eu un accident de chasse.
– Ah bon, ça s'est passé comment ?
– Ben, c'est en tirant la chaîne trop fort dans les WC… »

« Incroyable ! s'exclame un pêcheur marseillais en rentrant au port. Devinez ce que j'ai trouvé ?
– Quoi ? disent ses copains.
– Une sirène !
– Ça alors, et comment nageait-elle ?
– Très mal, elle m'a fait une queue de poisson ! »

Jojo raconte à son père sa première partie de tennis :
« Alors Loulou m'envoya la balle, mais je la manquis.
– On ne dit pas "je la manquis", corrige le père.
– Oh, pardon papa ! C'est vrai. On doit dire : "Je loupis la balle." »

Le colonel inspecte
la compagnie :
« Soldat, vous savez nager ?
– Oui, mon colonel.
– Et où avez-vous appris ?
– Dans l'eau, mon colonel ! »

C'est un maître nageur
qui aperçoit un homme en train
de se baigner en zone interdite.
Il lui crie :
« Hé, vous n'avez pas le droit
de vous baigner ici.
– Mais je me noie, répond
l'homme.
– Ah bon, alors, c'est différent,
excusez-moi. »

Sur la plage, Théo et sa sœur
regardent un vacancier faire
du ski nautique.
« Pourquoi le bateau va-t-il si vite ?
questionne la petite fille.
– Tu ne vois pas qu'il est
poursuivi. »

« Aujourd'hui, devoir de français, dit le maître. Racontez un match de rugby. » Guillaume, qui ne sait pas quoi dire, écrit sur sa copie : « Temps pluvieux, terrain impraticable, match remis. »

« Cher Père Noël, écrit un petit garçon, je te promets d'être sage et de ne plus me battre avec mon frère. Pour m'encourager, pourrais-tu m'apporter une paire de gants de boxe ? »

« Pour attirer un lapin, confie un chasseur à son fils, c'est facile. Tu te caches dans un buisson et tu imites le cri de la carotte ! »

Au bord de la rivière, Duchmoll discute avec un pêcheur :
« Vous appâtez avec un asticot ou avec de la mie de pain ?
– Non, avec un mégot.
– Ah bon ?
– Oui, je voudrais prendre du poisson fumé ! »

C'est un pêcheur qui lève sa ligne. Il a la surprise de voir qu'il a pris un drôle de poisson avec un chapeau bariolé et des grelots accrochés à ses nageoires. Tandis qu'il le décroche, un autre poisson, normal celui-là, sort la tête de l'eau et dit :
« Pardon, monsieur, mais on fait une petite fête en bas... vous ne pourriez pas nous rendre notre comique ? »

« Qui est-ce qui ramasse des pêches et des marrons ? demande Jojo à son frère.
– Le jardinier.
– Non, le boxeur ! »

Le père de Max est chasseur.
« Papa, lui demande un jour le petit garçon, je ne comprends pas pourquoi, lorsque tu vises, tu fermes un œil ?
– Voyons, Max, réfléchis ! Si je fermais les deux yeux, je n'y verrais plus rien ! »

Martempion, découvrant le bulletin scolaire de son fils :
« C'est nul ! Tu sais seulement compter jusqu'à dix. Que vas-tu devenir dans la vie ?
– Arbitre de boxe ! »

Dans les Alpes, un touriste s'inquiète :
« Comment prouver que je serai bien le premier à monter en haut de ce pic inaccessible ?
– Rassurez-vous, monsieur, nous avons tout prévu : un photographe est installé au sommet ! »

Dans une station de sports d'hiver, un petit garçon contemple une boule de neige de près de deux mètres de diamètre et pleure à chaudes larmes.
Une skieuse émue lui demande :
« Mais pourquoi pleures-tu comme ça ?
– Hou ! hou ! hou ! mon père va casser ma belle boule de neige.
– Voyons, il n'y a pas de raison.
– Mais si, répond l'enfant, il est bien obligé, pour en sortir… »

A l'école, l'instituteur
demande :
« Pourquoi fait-on du sport ?
– On fait du sport, pour bien
sporter », répond Zézette.

C'est un promeneur
qui observe un pêcheur. Ça dure
depuis trois heures. A la fin,
le pêcheur, excédé, lance :
« Pourquoi ne pêchez-vous pas
vous-même, puisque
ça vous intéresse tant ?
– Impossible, je n'aurai jamais
la patience ! »

C'est au cours d'une
promenade en barque qu'Adam
se demanda si Éve n'était pas
devenue musulmane. Elle lui dit :
« Rame Adam ! »

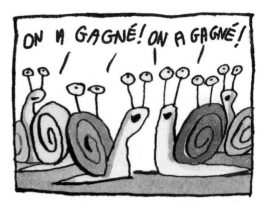

Pourquoi les mille-pattes
ne jouent-ils pas au foot ?
Parce que le temps qu'ils mettent
leurs chaussures, le match serait
fini !

Loulou demande à sa maman :
« Pourquoi les footballeurs
portent-ils des shorts ?
– Tu crois vraiment que le foot
serait autorisé à la télé s'ils étaient
tout nus ? »

baissez… Levez… baissez… Bon très bien, et maintenant, l'autre paupière ! »

C'est l'ouverture de la chasse.
Un lapin dit à un autre :
« Je ne risque rien, j'ai mangé
un trèfle à quatre feuilles ! »

« **J**ojo, demande l'instituteur,
qu'est-ce qu'on met au bout
d'une ligne ?
– Un asticot, monsieur ! »

Emission de culture physique
sur une radio corse :
« Levez… baissez… Levez…

Deux pêcheurs bien de Marseille :
« Moi, j'ai pêché un brochet
de cinquante kilos !
– Et moi j'ai pêché une moto
avec les phares allumés.
– Ça c'est pas possible !
– D'accord. Alors, fais maigrir
ton brochet et j'éteins mes phares ! »

160

Deux journalistes bavardent :
« Quelle est votre rubrique ?
– La pêche !
– Et on vous paye comment ?
– A la ligne ! »

«  est cruel la pêche, vous
n'avez pas pitié des poissons ?
– Et eux, vous croyez qu'ils ont
pitié de mes vers ? »

est Tartempion qui explique
à Duchmoll :
« Je suis né un 5 mai à 5 heures
du matin. Le jour de mes 55 ans,
j'ai acheté le billet numéro 555.555
à la loterie nationale et j'ai gagné
5 millions. Alors, je suis allé
au champ de courses et j'ai tout
joué sur le cheval numéro 5
dans la 5e course.

– Formidable, et combien as-tu
gagné ?
– Rien, il est arrivé 5e ! »

COLLE-LUI
UN MARRON

Quel est le sport le plus fruité ?
La boxe, parce que quand
on te met une pêche dans la poire,
tu tombes dans les pommes,
t'as pas intérêt à ramener ta fraise,
et tout ça pour des prunes !

Avant le match de boxe,
la femme de Kid Ouala téléphone
au manager de son mari :
« Allô, comment est Kid ?
– O.K. »
Après le match, elle téléphone
à nouveau :
« Allô, comment est Kid ?
– K.O. »

C'est un gruyère qui demande
à un camembert :
« Qu'est-ce que tu fais ?
– J'apprends à nager pour
ne pas couler. »

Un monsieur est en train
de pêcher. Le garde arrive et dit :
« Vous savez que c'est interdit
de pêcher ici ?
– Je ne pêche pas, j'apprends
à nager à mon ver de terre !
– Dans ce cas, je vous mets quand
même une amende, car c'est aussi
interdit de faire du nudisme ! »

Deux chasseurs discutent :
« Tiens, tu as fait un nœud
aux oreilles de ton chien ?
– Oui, c'est pour penser à acheter
du gibier en rentrant ! »

Mary Touquet • Bruno Gibert

Allons-y gaiement !

« Alors, mon cher, ces vacances ?
Où étiez-vous ?
– Oh, la première semaine, j'étais
dans les Alpes, et la deuxième
semaine, j'étais dans le plâtre ! »

c'était bien
ce ski ?

Des touristes visitent un château.
« De quand date-t-il ? demande
une dame au guide.
– Du XVe siècle, madame.
– Ben vraiment, quelle idée d'aller
bâtir un château aussi près
de la ligne de chemin de fer ! »

A la gare, une paysanne prend
son billet. « Pour aller où ?
demande l'employé.
– Dites donc, vous êtes bien
curieux, vous.
– Pour aller où, s'il vous plaît ?
– Ben… pour Paris.
– Voilà, ça fait 350 francs.
La paysanne paye et en partant,
elle cligne de l'œil vers ceux
qui attendent leur tour : « Hé !
vous avez vu, j'lai bien eu celui-là !
J'vais pas à Paris, j'vais seulement
à vingt kilomètres d'ici voir ma fille ! »

Dans l'avion Paris-Nice, une
vieille dame appelle l'hôtesse :
« S'il vous plaît, mademoiselle,
est-ce qu'il n'y a pas quelque
chose d'ouvert ? Je sens comme
un courant d'air… »

« **C**hauffeur, soyez prudent,
à chaque virage, j'ai peur
de tomber dans le ravin.
– Madame n'a qu'à faire comme
moi, fermer les yeux ! »

Deux fous se penchent
à la fenêtre d'un train :
« Oh, c'est fantastique ! s'écrie
l'un d'eux.
– Qu'est-ce qui est fantastique ?
– Le mécanicien. A chaque fois
qu'il vise un tunnel, il va en plein
dans le mille, il n'en rate aucun ! »

« **V**ous avez eu beau temps
pendant vos vacances ?
– Super ! Il n'a plu que deux fois :
la première fois pendant
une demi-journée, et la deuxième,
pendant 29 jours. »

En vacances, à l'étranger, un nain
rencontre un de ses copains :
« Ça alors, j'aurais jamais cru
te voir ici !
– Eh oui, le monde est petit. »

GAGNÉ   PERDU

En plein soleil, un paysan monte la côte avec sa charrette tirée par un cheval. Arrivé en haut, le paysan s'écrie :
« Nom de d'la ! J'ai jamais eu aussi chaud de ma vie !
– Ben moi non plus, répond le cheval.
– Hein ? dit le paysan. C'est la première fois que j'entends parler un cheval.
– Moi aussi », dit la charrette.

Le gardien de phare ouvre son courrier et annonce à sa femme :
« Chic ! Nous avons gagné le gros lot de la tombola.
– Et qu'est-ce que c'est ?
– Un séjour au bord de la mer… »

Dans le métro : « Moi je ne peux pas voir une dame debout, quand je suis assis…
– Alors tu lui cèdes ta place ?
– Non… Je ferme les yeux ! »

A la gare, un voyageur demande :

« Un aller-retour, s'il vous plaît.

– Pour aller où ?

– Qu'est-ce que ça peut vous faire puisque je reviens ! »

« **Q**u'est-ce qui t'a semblé le plus dur quand tu as appris à conduire ?

– Hum, sans doute, les arbres et les murs… »

En voyage d'affaires à l'étranger, Tartempion essaie d'appeler sa femme. Mais la ligne est toujours occupée. Alors, il envoie un télégramme : « *Raccroche !* »

« **T**u es au courant de ce qui est arrivé à la gare ?

– Non ?

– Un train ! »

C'est un couple de touristes qui s'arrête sur une aire d'autoroute. L'homme dit à sa femme :
« Oh, regarde, chérie, il y a des gens qui ont oublié leur barbecue.
– Emmenons-le, ça nous servira », répond celle-ci.
Ils poursuivent leur voyage et arrivent à la douane. Le douanier regarde dans le coffre de la voiture et découvre le « barbecue ».
Fou de joie, il se précipite sur le téléphone et hurle :
« Chef, chef ! J'ai trouvé ceux qui ont piqué le radar ! »

Le paquebot va faire naufrage.
« Ce point noir, fait le commandant en scrutant une vieille carte jaunie, si c'est une île, nous sommes sauvés, mais si c'est une merde de mouche, nous sommes foutus ! »

« Dites-moi, où avez-vous passé vos vacances, cette année ?
– A Minorque.
– Minorque ? C'est où ça ?
– Je n'en sais rien, j'y suis allé en avion ! »

Dans le T.G.V. Isidore place
sa grosse valise dans le porte-
bagages, juste au-dessus d'une
grosse dame, qui s'inquiète :
« Attention, monsieur, votre valise
va tomber !
– C'est pas grave, répond Isidore,
il n'y a rien de fragile dedans ! »

C'est un monsieur qui demande
à son voisin dans le train :
« Dites-moi, ça va bien ?
– Oui, ça va bien, merci.

– Vous n'êtes pas trop secoué ?
– Non, pas trop.
– Et la fenêtre ? Il n'y a pas trop
de courants d'air ?
– Non, c'est parfait.
– Bon alors, donnez-moi votre
place ! »

Tartempion téléphone
à la S.N.C.F. et demande :
« Combien de temps met le train
pour Paris ?
– Une petite minute, monsieur...
– Merci. »
Et il raccroche.

Deux albatros regardent passer une fusée :
« Il est fou celui-là de voler aussi vite.
– Je voudrais bien t'y voir, toi,
avec le feu au derrière ! »

xcusez-moi de vous déranger mais peut-être auriez-vous quelques miettes de pain pour moi et mon ami ?

Un homme se présente à la porte du Paradis avec une portière de voiture en travers de la figure. Saint Pierre lui demande :
« Quelles sont les dernières paroles que vous ayez entendues sur terre ?
– Ce devait être ma femme qui disait : "Chéri, passe-moi le volant, tu seras un ange !" »

Un paysan rencontre un voisin qui lui dit :
« Ta vache doit être malade, elle est allongée les quatre pattes en l'air.
– Mais non ! C'est la grève des trains, alors elle regarde passer les avions ! »

A quoi reconnaît-on un fou dans un aéroport ?
– C'est le seul qui donne à manger aux avions !

Une vieille dame est attendue par sa fille à la descente du train. « J'ai très mal voyagé, se plaint-elle, j'étais assise dans le sens opposé à la marche.
– Pourquoi n'as-tu pas changé avec quelqu'un d'autre ?
– Parce que j'étais toute seule dans le wagon ! »

L'astronaute a pris place dans la fusée et celle-ci vient de partir dans un bruit infernal. Il ouvre de grands yeux, effrayé par les chiffres qu'indique le cadran. Tout tremblant, il compte : « 500 km… 1 000 km… 100 000 km aïe, 500 000 km, mon Dieu, mon Dieu… » Alors il entend une voix qui lui dit : « Oui ? »

Après avoir mangé au wagon-restaurant, un monsieur essaie

sans succès de retrouver sa place.
« Vous ne pourriez pas
la reconnaî...

[texte masqué]

pre...
« Vit...
minutes pour attraper mon train.
Allez voir dans ma chambre
si je n'ai pas laissé un grand sac
jaune. »
Le garçon se précipite et revient,
essoufflé, quelques minutes plus
tard :
« Oui, monsieur, votre sac est bien
sur le lit.
– Eh bien, donnez-le-moi.

– Ben, je l'ai laissé, vous m'aviez
pas dit de le prendre !!! »

L'autobus est bondé, archi-
bondé. Un jeune homme essaie
de monter dedans, mais en vain.
Finalement, il fond en larmes
et supplie :
« Laissez-moi passer, je suis
le chauffeur ! »

est-ce que quelqu'un pourrait freiner ?

*L'*avion va décoller.
« Je vous conseille les chewing-
gums pour éviter
les bourdonnements d'oreilles »,
dit l'hôtesse aux passagers.
L'avion décolle, et un peu plus
tard, un passager appelle
l'hôtesse :
« Très efficace, votre truc, dit-il,
mais maintenant, comment faire
pour retirer le chewing-gum
de mes oreilles ? »

« *T*u ne crois pas qu'il exagère,
ton garagiste, ma chérie… 500 F
pour remorquer ta voiture sur
1,5 km !
– Oui, mais je l'ai bien eu, j'ai
freiné pendant tout le trajet ! »

« *A*lors, comment as-tu trouvé
la montagne ?
– Téléféerique ! »

Dans le bus, un contrôleur demande à un passager :
« Votre billet, s'il vous plaît ?
– Je n'en ai pas pris. Je n'ai jamais de chance à la loterie ! »

C'est un parachutiste qui doit sauter pendant les grandes manœuvres. On lui dit :
« Vous sautez, vous tirez la manette n° 1, le parachute s'ouvre. S'il ne s'ouvre pas, vous tirez la manette n° 2. Alors, vous atterrissez dans un champ de blé, à côté d'un petit bosquet. Là, il y a un vélo qui vous attend… »
Le para grimpe dans l'avion.
Il saute, tire la manette n° 1, rien.
Il tire sur la manette n° 2,
et le parachute ne s'ouvre pas non plus. Alors il s'écrie :

« Et en plus, si ça se trouve, avec le pot que j'ai, le vélo ne sera même pas dans le petit bosquet… »

C'est un couple de touristes qui va passer ses vacances en Angleterre. Ils doivent prendre le bateau à Calais. Ils roulent depuis un bon bout de temps, quand tout à coup, madame dit :
« Demi-tour. On ne peut pas y aller. Je viens de voir un panneau : *Pas de Calais* ! »

A l'aéroport : « Oh mon Dieu chéri, j'aurais dû emporter aussi le piano.
– Arrête, ça n'est pas le moment de plaisanter, l'avion part dans cinq minutes.
– Mais je ne plaisante pas, j'ai oublié les billets dessus ! »

Deux amis discutent :
« Tes vacances se sont bien passées ?

– Pas mal. J'étais en Bretagne. Il pleuvait tellement que je suis reparti en Auvergne. Alors là, il s'est mis à pleuvoir des cordes… Mais le changement d'eau m'a fait du bien ! »

Un couple se promène en voiture. Tout à coup, dans une descente, les freins lâchent. La femme s'affole, mais le mari la rassure :
« Ne t'inquiète pas, je connais la route. Il y a un stop en bas… »

Le contrôleur annonce à cette vieille dame :
« Votre billet ne vous permet pas de voyager dans un rapide.
– Eh bien, dites au chauffeur de ralentir ! »

Une puce demande à une autre puce :
« Tu pars en vacances, cet été ?
– Oui
– Ah ? Et où vas-tu ?
– Ben, comme tout le monde, je vais sur la côte d'Azor ! »

quelle vue !

Un avion survole le désert. Soudain, le pilote voit un homme en maillot de bain, une serviette à la main. Il atterrit et lui demande :
« Qu'est-ce qui se passe, vous êtes perdu ?
– Non, je vais me baigner.
– Vous êtes fou, la mer est au moins à 500 km d'ici. »
Alors, admiratif, l'homme en maillot de bain s'écrie :
« Quelle belle plage ! »

vous avez failli m'oublier.

Noé, attendant la fin du déluge, croquait une pomme. Soudain, il découvre un ver.
« Ça alors ! Un passager clandestin ! »

Dans le train qui va de Nice à Paris, deux Parisiens qui rentrent de vacances se moquent d'un brave paysan :
« Où allez-vous demande l'un d'eux ?

– A Parisse.
– Avec 2 "S".
– Non, avec deux imbéciles ! »

Des savants un peu gogols construisent une fusée.
Un journaliste les interviewe :
« Sur quelle planète comptez-vous aller ?
– Sur le soleil !
– Mais vous allez vous brûler.
– Rassurez-vous, nous partirons la nuit ! »

Mary Touquet • Bruno Gibert

Dites-le
avec des cœurs

Un jeune homme questionne
la jeune fille qui vient de lui être
présentée :
« N'est-ce pas vous, mademoiselle,
qui avez une sœur ravissante ?
– Non, c'est ma sœur ! »

Au Pôle Nord, un esquimau
attend sa fiancée sur la banquise.
Comme elle tarde un peu,
il s'énerve :
« Si à moins trente-cinq, elle n'est
pas là, je m'en vais ! »

faire marcher à la baguette

C'est Duchmoll qui dit
à Tartempion :
« Alors, tu trouves toujours que
ta femme est une petite fée ? »
Tartempion baisse la tête
et avoue :
« Oui, elle me fait marcher
à la baguette ! »

« Cette fois, ma chérie, fini
de te tracasser pour la vaisselle !
– Oh, mon amour, tu as acheté
un lave-vaisselle ?

– Mieux que ça : je t'ai acheté une montre étanche ! »

Deux dames parlent de leurs maris. La première dit :
« Le mien, il est toujours en voyage. Je ne le vois qu'un mois par an.
– Ça ne doit pas être drôle.
– Remarquez… Un mois, c'est encore assez vite passé… »

C'est un gogol qui rencontre une jeune fille qui lui plaît. Il lui fait la cour et demande :
« Soyez gentille, donnez-moi votre numéro de téléphone.
– C'est facile, il est dans l'annuaire. »
Il insiste : « Oui, mais quel est votre nom ? »

Une petite goutte d'eau est tombée amoureuse d'une autre goutte d'eau. Dans un grand élan d'amour, elle lui déclare :
« Ce qui me plaît en toi, c'est que tu ne ressembles à personne ! »

Monsieur et madame
se disputent.
« J'en ai assez que tu me reproches
sans cesse d'être trop bavarde,
dit madame.
– Écoute, tu es la seule femme
que je connaisse qui ait attrapé
un coup de soleil sur la langue
l'été dernier ! »

Deux jeunes mariés viennent
passer leur nuit de noces dans
un hôtel. Comme le veut la tradition,
le marié porte sa femme
dans ses bras. A la réception,
l'hôtesse a l'air bien ennuyée :
« Je dois vous dire… votre
chambre est au 35ᵉ étage
et l'ascenseur est en panne.
– Ça ne fait rien, dit le mari,
je la porterai jusque-là. »
Et les deux amoureux grimpent…
Au premier étage, la femme
murmure :
« Chéri, j'ai quelque chose
à te dire…
– Tu me le diras plus tard, chérie,
fais-moi plutôt un baiser. »
Au deuxième étage, elle
recommence :
« J'ai quelque chose à te dire.

– Oh ! je préfère un baiser. »
Et ainsi de suite jusqu'au 35ᵉ
étage. Là, la femme supplie :
« Chéri, il faut absolument
que je te dise…
– Quoi, mon amour ?
– J'ai oublié la clé de la chambre
en bas, à la réception. »

Un jeune homme écossais
à une jeune fille écossaise :
« Je gagne beaucoup à être connu !
– Ah oui ? Vous gagnez combien ? »

« **I**l y a au moins dix ans que
je n'ai pas parlé à ma femme.
– Vous êtes fâchés ?
– Non, je n'ai pas voulu
l'interrompre ! »

Un homme est bien malheureux :
« J'ai raté mes deux mariages,
dit-il. Pour le premier, ma femme
est partie.
– Et pour le deuxième ?
– Elle est restée ! »

Un garçon écrit à la fille
qu'il aime :
« Le matin, je ne mange pas,
car je pense à toi…
Le midi, je ne mange pas,
car je pense à toi…
Le soir, je ne mange pas,
car je pense à toi…
et la nuit, je ne dors pas,
car j'ai faim ! »

C'est une petite violette
qui pleure :
« Qu'est-ce que tu as ? demande
la marguerite compatissante.
– Je voudrais être une marguerite
comme toi !
– Pourquoi ça, je ne comprend pas.
– Moi, on ne me déshabille jamais
en me disant des mots d'amour ! »

Quel est le comble
de la tendresse ?
Embrasser l'horizon !

un iceberg
m'a refroidi

glou glou

Que dit une barque quand un canot lui fait la cour ?
« J'en suis toute chavirée ! »

Une jeune femme, amoureuse d'un poète, a écrit un poème. Un peu tendue, elle demande : « Cher maître, comment trouvez-vous mon poème intitulé FLÂNERIE ?
– A mon avis, les deux premières lettres sont de trop ! »

« **A**llô, police, c'est affreux. Mon mari a disparu depuis trois jours, juste au moment où nous allions passer à table. Il m'a dit : "Je vais à l'épicerie à côté acheter un paquet de macaronis", et il n'est pas revenu. Que dois-je faire ?
– A votre place, madame, j'ouvrirais une boîte de petits pois ! »

petits pois

snif

aux larmes.

C'est un ver à soie qui est invité le soir chez son amie. En arrivant, il s'exclame : « Charmante soierie ! »

j'ai vu de la lumière alors je suis montée

C'est un morceau de glace
qui va se marier avec un biscuit
apéritif. La veille du mariage,
il enterre sa vie de glaçon !

Deux messieurs se confient
leurs petits ennuis :
« Ma femme parle toute seule,
dit le premier.
– La mienne aussi, dit le second.
Mais elle ne s'en rend pas compte.
Elle croit que je l'écoute ! »

Un morceau de sucre est
amoureux d'une petite cuillère.
« Où pourrions-nous nous
rencontrer ? lui demande-t-il.
– Dans un café ! »

Un homme préhistorique
regagne sa caverne.
« Qu'est-ce qui t'est arrivé,
s'exclame son voisin, tu es couvert
de bleus ?
– Ne m'en parle pas. C'est
le manteau de fourrure que
je voulais offrir à ma femme. Il m'a
lâchement attaqué par-derrière. »

« Quel merveilleux cadeau
d'anniversaire ! dit une dame à son
mari. Je te remercie beaucoup,

c'est fantastique. C'est… tiens,
je ne trouve pas les mots pour
te dire combien je suis contente.
– Bon, t'inquiète pas, l'année
prochaine je t'offrirai
un dictionnaire ! »

Le facteur apporte une lettre
pour le fermier.
« Il est dans la porcherie, explique
sa femme. Mais vous le
reconnaîtrez facilement, c'est celui
qui porte un béret ! »

« **M**oi, quand je serai grande,
dit une petite fille à un petit
garçon, je me marierai avec toi.
– Impossible, répond le petit
garçon, chez nous on ne se marie
qu'en famille. Mon grand-père
a épousé ma grand-mère,
mon tonton a épousé ma tata,
et mon papa a épousé ma
maman ! »

C'est un grillon qui dit à un ver
luisant :
« Si on faisait un son et lumière ? »

C'est un ver luisant qui est
amoureux d'une petite fourmi.
« Tu viens avec moi ? lui dit-il.
– D'accord, mais éteins d'abord
la lumière ! »

Jojo assiste pour la première fois
à un mariage.
« Qui c'est la dame en blanc ?
demande-t-il à sa maman.
– C'est la mariée, voyons !
– Et pourquoi elle est en blanc ?
– Parce qu'elle est heureuse et que
le blanc est la couleur du bonheur !

– Ben alors, pourquoi le marié il est
en noir ? »

C'est l'histoire d'un monsieur
cygne qui s'approche d'une dame
cygne. Et alors… il lui fait un petit
cygne !

Une star de cinéma est en train
de prendre son bain. Admiratif,
le robinet d'eau froide demande
au robinet d'eau chaude :
« Toi aussi, elle te fait tourner
la tête ? »

Un monsieur amoureux dit
à la dame de ses rêves :
« J'aime vos yeux, votre bouche…
Et vous qu'admirez vous chez moi ?
– Votre bon goût ! »

Anne vient de se fiancer.
Elle raconte à une amie :
« Il n'arrête pas de dire que je suis
belle.
– Ah ben dis donc ! J'espère que
tu ne vas pas épouser un homme
qui commence déjà à mentir ! »

Une dame lit l'horoscope.
Brusquement, elle s'écrie :
« Oh, que c'est bête !
– Quoi ? demande son mari.
– Si tu étais né deux jours plus tard,
tu serais intelligent, tendre
et spirituel ! »

Au cinéma, un monsieur
demande des places.
« Pour *Roméo et Juliette* ?
interroge la caissière.
– Non, pour ma femme et moi ! »

Une jeune femme demande
à son amie :
« Alors, toujours amoureuse
de ton parachutiste ?
– Non, je l'ai laissé tomber ! »

Dans le grand océan, une petite vague est amoureuse du vent. Celui-ci lui demande tendrement : « Tu veux que je te fasse une bourrasque ou un ouragan ? – Oh non, je veux juste une petite bise ! »

Louis et Claire sont fiancés. Malheureusement, ils sont obligés de se séparer.

C'est grave, pourquoi ? – Parce que Claire est devenue sourde depuis qu'elle a perdu Louis (l'ouïe). et Louis est devenu aveugle, depuis qu'il ne voit plus Claire (clair).

Dans un coin sombre, deux amoureux s'embrassent. Des gamins passent sur le trottoir et les regardent. « Vise un peu, dit l'un, il essaie de lui piquer son chewing-gum ! »

« **J**e suis certaine, dit une jeune fille à sa copine, que mon petit ami va bientôt me demander ma main.
– Ah bon, et qu'est-ce qui te fait dire ça ?
– Il commence déjà à détester ma mère ! »

C'est un Africain qui passe devant une pharmacie où il y a écrit : *Homéopathie*. Alors, il s'éloigne tristement :
« Pauv'Juliette ! »

Un homme avec un œil au beurre noir entre chez une fleuriste et lui demande de livrer une douzaine de roses pour l'anniversaire de sa femme.
« C'est quand, son anniversaire ? » demande la fleuriste.
Alors le client montre son œil au beurre noir et répond :
« C'était hier ! »

« Chéri, dis-moi ce que tu préfères : une femme jolie ou une femme intelligente ?
– Ni l'un ni l'autre, chérie, tu sais bien que je n'aime que toi ! »

C'est maman Duchmoll qui dit à sa fille :
« Tu es assez grande maintenant, il faut que nous parlions de la manière de faire les bébés.
– D'accord maman, dis-moi ce que tu veux savoir… »

oui maman ?

Une jolie petite antenne de T.V. qui est amoureuse d'un paratonnerre. Elle lui murmure :
« Dis, tu y crois, toi, au coup de foudre ? »

Cette jeune fille se plaint à son amie :
« A tous nos rendez-vous, il m'offre des fleurs fanées.
– Suis mon conseil : essaie d'arriver à l'heure ! »

Mary Touquet • Monike Czarnecki

Ma grand-mère
fait du vélo

« **E**s-tu coiffeur ? demande Jojo à son grand-père.
– Non, pourquoi ?
– Parce que maman a dit que tu frisais la soixantaine et papa que tu allais nous raser tout l'après-midi ! »

Une vieille dame entre chez un fleuriste ouvert à Paris pendant les vacances.

« Oh, la jolie fleur ! s'exclame-t-elle.
– Oui, dit le vendeur, elle appartient à la famille des primevères.
– Ah bon, et vous la gardez pendant qu'ils sont en vacances ? »

Un agent de police arrête une vieille dame qui conduit sa voiture :
« Madame, vous avez dépassé les soixante !
– Vous croyez ? Alors, c'est mon chapeau qui me vieillit ! »

« Bonjour, je voudrais une robe
lilas », dit une vieille dame
à la vendeuse.
Celle-ci sort des robes mauves,
violettes, bleues.
« Non, ça ne va pas, s'énerve
la dame, je veux une robe lilas
comme celle que vous avez dans
la vitrine.
– Mais, madame, en vitrine,
c'est une robe blanche.
– Et alors, vous n'avez jamais vu
de lilas blanc ? »

Mamie Paulette joue aux cartes
pour la première fois. Quand arrive
son tour de prendre une carte,
elle s'exclame :
« J'espère que personne n'a vu
que c'était un as !
– Mais enfin, s'écrie son partenaire,
il ne faut pas dire quelle carte
c'est.
– Je sais bien ! Voilà pourquoi
je n'ai pas précisé que c'était un as
de trèfle ! »

« Dis, Papy, est-ce que tu continues de grandir ? demande Loulou.
– Non, pourquoi ?
– Parce que le haut de ta tête dépasse de tes cheveux ! »

Dans une rue sombre, un voleur se précipite sur une vieille dame :
« La bourse ou la vie !
– Oh moi, vous savez, je n'ai jamais été très douée pour les devinettes. »

Cette vieille dame était très étonnée : tous les mois, elle réglait sa facture de téléphone, et tous les mois, elle avait des problèmes. Elle avait payé trop, ou pas assez… Jusqu'au jour où elle reçut de la poste la lettre suivante :

« Madame, le montant que vous avez à payer est le dernier chiffre en bas à gauche. Jusqu'ici, vous nous avez toujours payé la date ! »

« Quelles sont les lettres les plus vieilles de l'alphabet ?
– A.G. »

Bonjour Mamie !

Une vieille dame dit à son amie :
« J'ai vu une publicité dans le journal pour une crème extraordinaire : "Jouvence rose".

– Oui, dit l'autre, je m'en sers depuis un an.
– Ah bon, tu fais bien
de me le dire, j'allais en acheter. »

« Dis, maman, grand-père,
il est bien général de division ?
demande un petit garçon.
– Oui, mon chéri.
– Alors, il pourrait m'aider à faire
mon devoir de calcul ! »

Un centenaire demande à Jojo :
« Comment va ta grand-mère ?
– Très bien, monsieur, et la vôtre ? »

Dans un musée, une vieille
dame fatiguée s'assied.
« Malheureuse, lui crie le gardien,
c'est le fauteuil de Napoléon !
– Ne vous en faites pas, je le lui
rendrai dès qu'il reviendra ! »

Un fils discute avec son père :
« Quand je serai grand, j'épouserai grand-mère.
– C'est impossible, tu ne peux pas épouser ma mère.
– Pourquoi ? Tu as bien épousé la mienne ! »

C'est une vieille dame qui dit à son amie :
« Je souffre tellement de mes rhumatismes que je suis pliée en deux. Et toi, tu es en forme ?
– En forme de quoi ? »

Zoé doit boire son sirop contre la toux. Elle hurle :
« Je veux que ce soit mémé qui me le donne.
– Mais pourquoi elle ? s'étonne la maman.
– Parce qu'elle tremble ! »

« Est-ce que M. Leveau est ici ?
– Il n'y a pas de M. Leveau,
mais seulement un M. Lebœuf.
– Ça doit être lui. Je ne l'ai pas
revu depuis l'école ! »

Le maire félicite la centenaire
du village :
« Chère madame, j'espère bien
fêter vos 101 ans l'année prochaine.
– Pourquoi pas ? Vous me semblez
en bonne santé ! »

Une dame en vacances
interroge un vieillard bien
conservé :
« Est-ce que l'air est sain
dans cette région ?
– Regardez-moi plutôt, répond-il.
Quand je suis venu ici, j'étais
chauve, je n'avais pas une dent,
et je ne tenais pas sur mes jambes.
– En effet, et vous y êtes venu
à quel âge ?
– Heu… j'y suis né. »

Une petite fille dit à sa grand-
mère :
« Dis mémé, quel âge as-tu ?
– Oh, je suis si vieille
que je ne m'en souviens plus.
– Pourtant, c'est très facile à savoir,
c'est écrit sur l'étiquette derrière
la chemise. Moi, j'ai bien regardé
sur la mienne : c'est marqué "4"
parce que j'ai 4 ans. »

Jojo explique à son grand-père :
« Moi, quand je serai grand, j'aurai une barbe comme toi.
- Ah bon, tu trouves ça joli ?
- Oh non, c'est simplement parce que comme ça, j'aurai moins de figure à laver ! »

Depuis dix minutes, Félix réclame 10 F à son père. Agacé, celui-ci finit par s'exclamer :
« Mais enfin, qu'est-ce que tu veux en faire ?
– C'est pour donner à une vieille dame.
– Ah, ça change tout. C'est bien de vouloir l'aider. Et où est-elle cette vieille dame ?
– Là-bas, elle vend des glaces ! »

C'est une mamie qui dit
à sa petite fille :
« Lorsque j'étais au collège, j'avais
une très bonne amie âgée
de dix ans, comme moi.
Je me demande bien quel âge
elle peut avoir maintenant ! »

Ce vieux monsieur sourd veut
s'assoir tranquillement sur un banc
dans un square.
« Attention, lui dit le gardien,
ce banc vient d'être fraîchement
repeint.
– Comment, demande le sourd ?
– En vert », répond le gardien.

Dans un square, une dame se promène. Tout à coup, elle voit un vieux monsieur qui va s'asseoir sur un banc :
« Attention, s'écrie-t-elle, ne vous asseyez pas, la peinture est encore fraîche !
– Ça ne fait rien, je suis bien couvert ! »

Deux vieilles dames se promènent, appuyées sur deux cannes neuves avec embout en caoutchouc.
« Tu ne crois pas qu'on va un peu vite ? demande la première.
– Non, pourquoi ?
– Ça sent le caoutchouc brûlé ! »

Un grand-père raconte à son petit fils :

« Un jour, je naviguais sur le Nil et j'ai été attaqué par quinze crocodiles. Je les ai tous abattus.
– Mais, Papy, tu m'as déjà raconté cette histoire l'année dernière, et il n'y avait que dix crocodiles !
– Euh… Oui, mais tu étais trop jeune pour connaître toute la vérité ! »

T artempion est un peu chauve.
Il s'en plaint auprès de son coiffeur.
« Ne vous en faites pas, lui répond
celui-ci. J'ai ce qu'il vous faut.
Cette mousse ferait pousser
des cheveux sur une boule
de pétanque !
– C'est bien, mais est-ce que
ça ne gênerait pas un peu le jeu ? »

U ne jeune fille confie à son
amie :

« Mon rêve, ça serait d'épouser
un archéologue.
– Ah bon, pourquoi ?
– Parce que plus on vieillit,
plus il vous aime ! »

D eux pépés discutent
tranquillement dans leur maison
de retraite.
« Quand j'étais jeune,
dit le premier, il y avait plein
de jeunes poulettes autour de moi.
Maintenant, je ne vois plus
que des vieilles canes… »

Encore une biscotte ?

Cette grosse dame voudrait maigrir. Son médecin lui dit :
« C'est très simple : vous prenez au réveil deux biscottes, à midi trois biscottes, le soir, trois biscottes, et cela pendant deux mois. »
Et la dame : « Excusez-moi docteur, mais les biscottes, c'est avant ou après les repas ? »

« Oh pépé, tu n'as pas honte de faire pipi contre le mur de cette maison, c'est dégoûtant.
– Mais je ne salis pas la maison...
J'ai même pas ouvert ma braguette ! »

Deux anciens copains de régiment discutent du « bon vieux temps ».
« Au fait, tu sais ce qu'il est devenu Chougnard ?
– Il est médecin.
– Où ça ?
– Dans la médecine du travail.
– Ah, ils ont enfin découvert que le travail était une maladie ! »

Myrtille écrit à son grand-père. Sa mère entre dans la pièce et s'étonne :
« Pourquoi écris-tu si gros ?
– Voyons, tu sais bien que grand-père est sourd ! »

206

Chez le dentiste, Mamie Josette n'est pas contente :
« Le dentier que vous m'avez confectionné est trop grand !
– Mais, enfin madame, je ne comprends pas, j'avais pris les mesures exactes…
– Puisque je vous dis qu'il est trop grand.
– Bon, ouvrez la bouche.
– Oh non, là c'est pas la peine. Il est seulement trop grand pour le verre dans lequel je le range la nuit. »

Dans le train, un contrôleur dit à une vieille dame :
« Votre billet est pour Bordeaux. Or ce train va à Nantes.
– Ça c'est ennuyeux, grommelle la voyageuse. Et ça arrive souvent au chauffeur de se tromper comme ça ? »

Dans un train, une vieille dame dit au garçon assis en face d'elle et qui mâche un chewing-gum :
« Inutile de crier, je suis sourde ! »

« Mon pauvre vieux, je suis sincèrement désolé, je ne savais pas que tu avais enterré ta femme.
– Que veux-tu, mon vieux, elle était morte ! »

Un Américain arrive au Paradis et y rencontre un vieillard avec une longue barbe blanche. Il se présente et précise.
« Je viens des chutes du Niagara. Vous connaissez ?
– Non, fait le vieillard.
– C'est un truc sensass, mon vieux. Une cascade dont le débit est de trois milliards de mètres cubes par seconde.
– Peuh, fait le vieillard dédaigneux en s'éloignant. »
Vexé, l'Américain demande à un ange qui passe :

« Qui c'est ce crâneur qui prend les chutes du Niagara pour un ruisseau ?
– C'est Noé ! »

Mary Touquet • Monike Czarnecki

Gendarmes et voleurs

Dans la rue, un homme demande à Mme Dupont :
« Vous n'auriez pas vu un policier ?
– Non.
– Très bien, alors, donnez-moi votre sac à main ! »

« Pourquoi les femmes d'agents de police ne sont-elles pas plus heureuses que les autres ?
– Parce que l'agent ne fait pas le bonheur ! »

Un gendarme fait stopper un automobiliste :
« Vous n'aviez pas vu le feu rouge ?
– Si si. C'est vous que je n'avais pas vu ! »

C'est une table de jardin qui demande à un fauteuil :
« Hé, au fait, le transat, qu'est-ce qu'il est devenu ?
– Le pauvre, il a mal tourné, on l'a mis à l'ombre ! »

Le professeur de musique :
« Mais qu'est-ce que c'est, mon petit, tu viens au cours avec une mitraillette dans ta boîte à violon ?
– Oh zut ! Papa s'est trompé. Il est parti attaquer la banque avec mon violon ! »

L'agent Tartempion tente tant bien que mal de régler
la circulation place de la mairie. Une vieille dame, au volant
de sa voiture, ne tient aucun compte de ses signes et s'engage dans le carrefour. Le gendarme s'approche d'elle :

« Vous ne savez pas ce que ça veut dire quand je lève la main ? »
Alors, la vieille dame,
avec un bon sourire :
« Oh, si, j'ai été institutrice pendant près de quarante ans, alors vous pensez… »

Un gangster est poursuivi par des policiers sur le toit
d'un immeuble de vingt étages. Soudain son pied glisse, il tombe dans le vide et se met à hurler :
« Allez-y, arrêtez-moi ! »

Un écureuil se gare devant un panneau de stationnement interdit. Un policier s'approche et le met en garde : « Dites donc, vous voulez une amende ?
– Oh, si ça ne vous fait rien, répond l'écureuil, je préférerais une noisette ! »

« Allô, police, venez vite ! Je suis dans ma voiture. On m'a volé. Pas ma voiture entière, mais une partie : le tableau de bord, les pédales, le levier de vitesse.
– O.K., on arrive, où êtes-vous ?
– Attendez, non, ne vous dérangez pas. J'ai tout retrouvé. Je m'étais assis sur le siège arrière ! »

Le gardien d'une prison dit au prisonnier :
« Demain, le juge viendra dans votre cellule.
– Ah, tout de même, grince le prisonnier, on s'est décidé à l'arrêter, lui aussi. »

Deux bandits se rencontrent.
« Aimes-tu les fleurs ? demande
l'un.
– Oui, pourquoi ? »
L'autre ne répond pas. Il l'abat
d'un coup de revolver et ajoute
seulement en s'éloignant :
« Tu en recevras demain
au cimetière ! »

Un détenu sort de prison
et avise un taxi :
« Vous êtes libre, vous aussi ? »

Une dame téléphone
au responsable d'un chenil :
« Allô, je voudrais acheter un chien
policier. »
Le lendemain, le vendeur arrive
avec un tout petit chien maigre.
« Vous appelez ça un chien policier ?
s'écrie la dame.
– Parfaitement, madame, répond
le voleur. Il est de la police secrète ! »

Un sale gamin vient de voler
une poule et commence
à la plumer. Voyant un gendarme
arriver, il la jette dans le ruisseau.
« Ah, petit voyou, dit le gendarme,
cette fois, je t'y prends. Tu viens
de voler une poule !
– Non, c'est pas vrai !
– Ah oui, et qu'est-ce que c'est
que ce petit tas de plumes, là ?
– Oh, ça ? C'est une poule
qui voulait se baigner et qui m'a
demandé de garder ses affaires ! »

Madame vient de se faire voler
sa voiture. Le gendarme
lui demande : « Vous avez vu
la tête de votre voleur ?
– Non, je l'ai seulement vu
démarrer avec ma voiture.
– Et vous n'avez rien pu faire ?
– Si, j'ai relevé le numéro ! »

Dans un café, un gangster
dit à son copain :
« Tu vois ce type là-bas, assis
à la table du fond ?
– Mais ils sont quatre, répond
l'autre.
– Celui qui a des bottes noires.
– Mais ils ont tous des bottes
noires.
– Celui qui a un blouson de cuir.
– Mais ils ont tous des blousons
de cuir.

– Celui qui fume une cigarette.
– Mais ils sont tous en train
de fumer ! »
Alors le gangster dégaine
son pistolet, tire et tue trois
bonshommes.
« Voilà, c'est celui qui reste.
Tu le vois maintenant ?
– Oui, et alors ?
– Alors ? Je le déteste ! »

Un paysan est interrogé
par le gendarme Torniolle :
« Bon, alors, récapitulons, vous
déclarez qu'une soucoupe volante
a atterri dans votre champ et que
deux petits hommes verts en sont
descendus.
– C'est ben vrai, ça. Même qu'ils
sont allés à l'abreuvoir pour boire
un peu d'eau. Et après ils sont

remontés dans la soucoupe
en criant : "Vive la France !"
– Bon. Vous êtes sûr de les avoir
vus ? Vous n'avez pas rêvé ?
– Oh oui alors, j'les ai vus comme
je vous vois, m'sieur l'curé !!! »

Un voleur cambriole une maison. Tout à coup, il entend dans son dos une petite voix qui lui dit :
« S'il vous plaît, monsieur, est-ce que vous pourriez prendre aussi mon carnet de notes ? »

Un bandit s'apprête à entrer dans un pavillon de banlieue quand il voit un écriteau : « Attention, perroquet méchant ! » Il rit, franchit la porte et entend le perroquet crier : « Vas-y, Rex, attaque ! »

Un gendarme vient de faire arrêter un automobiliste :
« Ah ! c'est pas bien, ça, monsieur l'abbé ! s'exclame-t-il en constatant que le chauffeur est un prêtre, vous avez dépassé sur la ligne blanche.
– Mais comment pouvez-vous le savoir, s'étonne le curé, c'était il y a cinq kilomètres ?
– C'est quelqu'un là-haut qui me l'a dit », fait le gendarme.
Alors le curé lève les yeux, inquiet... et, soulagé, voit un hélicoptère de la gendarmerie !

Qui vole un œuf, est en prison le 10 !

M. Trèschic dit à son valet :
« J'en ai assez ! Depuis que vous êtes là, tout disparaît dans cette maison. Prenez la porte.
– C'est gentil, mais je ne vois pas ce que je peux en faire, de cette porte ! »

Un gendarme s'apprête à verbaliser un automobiliste.
Il sort son carnet de contraventions et lui demande :
« Votre nom, s'il vous plaît ?

– Cervoniwsky Paploutrodidisniasky.

– Ça s'écrit comment ?

– Avec un y ! »

Un agent de la circulation arrête un homme qui ne roule pas du bon côté :

« Et alors, vous n'avez pas vu les flèches ?

– Non, monsieur l'agent ! Ni les flèches, ni les Indiens ! »

Le juge demande au gangster combien de temps il lui a fallu pour parvenir à ouvrir le coffre-fort.

« Trois heures et demie, répond aussitôt le voleur.

– Tant que ça ? s'étonne le juge.

– Bah, vous savez, dans notre métier, c'est comme partout. Il faut du temps pour percer. »

Dans la rue, un vendeur de journaux crie :

« Sensationnel ! Nouvelle escroquerie. Cinquante victimes ! »

Un homme s'approche, achète un journal, le parcourt et demande au vendeur : « Mais il n'est nulle part question d'escroquerie ? »

Alors le vendeur s'en va en criant : « Sensationnel !

Nouvelle escroquerie !

Cinquante et une victimes ! »

Tartempion a trouvé
un camembert et le porte
à la gendarmerie.
« Très bien, dit le brigadier, si dans
un an et un jour personne
ne l'a réclamé, il sera à vous ! »

Deux voyageurs de commerce
discutent :
« Moi, fait l'un, je traite mes clients
comme mes cigarettes.
– Comment cela ?
– Je les roule toujours
moi-même ! »

Pendant dix ans, Isidore a été
surveillant dans un collège.
Pour changer un peu, il se présente
à un poste de gardien de prison.
Il est reçu par le directeur :
« Alors, comme ça, vous voulez
être gardien de prison. Mais vous
savez, ici, vous aurez affaire
à des voyous dangereux.
Ça ne vous fait pas peur ?
– Oh non, monsieur le directeur,
pas de problème, j'ai l'habitude.
S'il y en a un qui n'est pas sage,
hop, je le mets à la porte,
et s'il continue, hop, je le renvoie
chez lui ! »

Pas de chance ! Mme Duchmoll
est tombée en panne d'essence

220

avec ses cinq enfants dans la voiture. Deux gendarmes qui se trouvaient près de là s'approche et lui proposent aimablement :

« Peut-on vous rendre service Madame ?

– Ce qui m'arrangerait, dit-elle, c'est que vous me poussiez jusqu'à la prochaine station service… »

Courageusement, les deux gendarmes poussent la voiture et au bout d'une demi-heure, ils arrivent enfin à un poste d'essence. Alors, Mme Duchmoll et ses cinq enfants passent la tête par la portière, et tous en chœur, ils crient :

« Pas celle-là ! Ils ne donnent pas de dinosaures ! »

« **C'est nous !** »

« **J**'ai remarqué que tu n'as jamais de visites, demande un gardien de prison à un détenu. Tu n'as pas d'amis, pas de famille ?
– Si, bien sûr ! Mais ils sont tous ici ! »

Deux prisonniers bavardent :
« Pourquoi es-tu arrivé ici, en prison ?
– J'ai fait des chèques sans provision. Et toi ?
– J'ai fait des provisions sans chèque ! »

« **A** combien rouliez-vous ? demande le gendarme.
– A deux seulement, mais si vous voulez monter, il reste de la place ! »

C'est un gendarme un peu gogol… Il a toujours cru que les voitures avaient de grandes oreilles. Jusqu'au jour où on lui a expliqué que c'était des rétroviseurs !

Des oreilles ?

Mary Touquet • Jacques Azam

J'ai bien mangé...

« Garçon, votre doigt traîne
dans ma soupe !
– Ne vous en faites pas, monsieur,
elle n'est pas très chaude ! »

C'est un grand Noir,
complètement trempé par
un orage. Il pénètre dans un café
et il commande :
« Un petit blanc sec ! »

Dans un restaurant, un monsieur
entre et demande :
« Est-ce que vous servez
des crabes, ici ?
– Oui, monsieur, nous servons
tout le monde. »

C'est l'histoire d'un fou qui va
se coucher avec un verre d'eau
plein et un verre d'eau vide.
Pourquoi ?
Parce que quand il se réveille
la nuit, parfois il a soif, et parfois
il n'a pas soif.

Deux clochards s'en vont
pique-niquer :
« Qu'as-tu apporté ? demande l'un.
– Huit bouteilles de vin
et une baguette.
– Ben dis donc ! Je me demande
bien ce qu'on va faire
de tout ce pain ! »

Un garçon dit à son copain :
« Tu sais quoi ? J'ai fait un horrible
cauchemar cette nuit. J'ai rêvé
que je mangeais des spaghettis.
– Je ne vois vraiment pas
ce qu'il y a d'horrible là-dedans.
– Eh bien, c'est quand je me suis
réveillé : mes baskets n'avaient
plus de lacets ! »

Au restaurant, un client
commande un hachis parmentier.
« Ah, vous n'avez pas de chance !
lui dit le garçon.
– Je vois, vous n'en avez plus.
– Si, justement, il en reste ! »

Le professeur dit à ses élèves :
« Aujourd'hui, nous allons étudier
les batraciens ! »
Il sort de sa poche un sandwich
et le montre aux enfants en disant :
« Voici une grenouille ! »
Les rires fusent et le professeur
s'aperçoit qu'en fait de grenouille,
il tient un jambon-beurre.
« Mince ! dit-il alors, qu'est-ce que
j'ai mangé dans l'autobus ? »

Dans un bar…
« Garçon, votre croissant est d'hier.
– Oui, monsieur.
– J'en veux un qui soit
d'aujourd'hui.
– Dans ce cas, je vous conseille
de revenir demain. »

Au restaurant :
« Garçon, je voudrais
une langouste, un foie gras,
deux tournedos…
– Et après cela, qu'est-ce que
monsieur prendra ?
– Du ventre, certainement ! »

Au café, un client commande :
« Un thé bien fort sans lait !
– Ah, désolé, monsieur,
nous n'avons plus de lait ! Est-ce que
je peux vous le servir sans citron ? »

L e cuisinier de l'école a des remords : « Ça fait trois mois que je leur donne chaque jour du riz. Je vais changer un peu. Aujourd'hui, c'est décidé, je sers des flageolets.»
Il saisit l'ardoise où il affiche les menus et commence à écrire : Flajo, non, phlageo, flajeau… Oh et puis zut ! conclut-il. Après tout, c'est très bon, le riz ! »

U n monsieur entre dans un restaurant et demande :
« Vous n'avez pas d'urinoir ?
– Non, monsieur, nous n'avons que du riz blanc. »

« G arçon, un verre de vin, s'il vous plaît ?
– Du rouge ou du blanc ?
– Ça n'a pas d'importance, c'est pour un aveugle ! »

Deux hommes dans un bar…
« Mon vieux, quand j'ai bu, je suis
capable de tout !
– Vrai ? Eh bien, paie donc la note. »

C'est deux fous qui discutent :
« Dis, pourquoi c'est difficile
de manger un canard à l'orange ? »
L'autre réfléchit. Finalement,
il trouve la solution :
« Parce qu'on n'a pas beaucoup
de temps avant que le feu
ne passe au rouge ! »

Un démarcheur se présente
chez une dame et se met
d'autorité à lui faire
une démonstration pour lui vendre
un aspirateur. Il commence
par éparpiller sur la moquette
de la poussière, de la terre
et du café moulu, puis déclare :
« Je m'engage à manger
tout ce que mon aspirateur
n'aura pas ramassé.
– Eh bien, bon appétit, lui répond
la dame. Nous sommes en panne
d'électricité depuis hier ! »

Au restaurant, le garçon
demande au client :
« Comment avez-vous trouvé
le bifteck ?
– Oh, tout à fait par hasard,
en soulevant une frite ! »

« **M**aman ! annonce Juliette,
ça y est, le monsieur du café
a eu une fille !
– Oh, il doit être content !
– Je ne sais pas. Hier, il a affiché
sur sa vitrine : "On demande
un garçon" ! »

« **Q**uand je suis chez moi,
explique un invité à son hôte,
je ne mange presque rien.
Mais quand je suis chez les autres,
j'ai de l'appétit pour quatre.
– Eh bien, je vous en prie,
faites comme chez vous ! »

Dans un restaurant, le cuisinier
discute avec un client :
« Chez nous, les clients se lèchent
les doigts…
– Oui, mais ils se les mordent
au moment de l'addition ! »

C'est un cuisinier qui dit au serveur :
« Supprime le "cassoulet maison" sur les menus. Je viens de casser l'ouvre-boîte. »

Et un cassoulet maison !

Dans un petit restaurant de campagne, un gros chien est assis au pied d'une table et regarde avidement le client qui l'occupe. Celui-ci finit par se demander pourquoi l'animal lui porte un tel intérêt.
« Garçon, lance-t-il, pourquoi ce chien me fixe-t-il de cette façon ?
– Ne vous inquiétez pas, répond le garçon, il a seulement reconnu son assiette ! »

Au restaurant, M. Dupont
s'écrie :
« Garçon, il y a une mouche
qui nage dans mon assiette.
– Oh, c'est encore le chef qui a mis
trop de potage. D'habitude,
elles ont pied ! »

Le dentiste demande
à son patient :
« De quel côté mangez-vous ?
– Du côté de la gare, mais je me
demande bien ce que ça peut
vous faire ! »

« Garçon, c'est joli ces dessins
sur le beurre. Avec quoi faites-vous
ça ?
– Avec mon peigne, monsieur. »

Une poule rencontre une autre
poule :
« Tu viens, lui dit-elle, on va
prendre un ver ? »

Un client entre chez
un marchand de tableaux.
Il demande :

« Je voudrais quelque chose pour ma salle à manger. Il faut que ce soit de bon goût, pas trop cher, et de préférence à l'huile.
– Je vois, répond le marchand. Vous voulez une boîte de sardines à l'huile ! »

« Votre pain est rassis, hurle M. Dupont au boulanger.
– Mais enfin, monsieur, vous n'allez pas m'apprendre mon métier. Je fabriquais déjà du pain avant que vous ne soyez né !
– Justement, c'est ça que je vous reproche : de le vendre seulement maintenant ! »

Une dame entre dans un café et dit :
« Garçon, je voudrais une glace.
– Oui, madame. Quel parfum : café, chocolat, citron ?
– Ça m'est égal. C'est juste pour voir si je suis bien coiffée. »

« Et tu as mangé tout seul cet énorme gâteau sans penser à moi ?
– Oh si, j'ai pensé à toi ! Tout le temps que je mangeais, je pensais : "Pourvu qu'il n'arrive pas tout de suite !" »

Le petit Thomas surveille
la tarte qui cuit doucement
dans le four. Sa mère lui demande :
« Regarde un peu si elle est cuite ? »
Voyant les petites cloques
qui se forment à la surface
de la tarte, Thomas répond :
« Non, maman, je vois bien
qu'elle respire encore ! »

Dans un restaurant, un client
interpelle la serveuse :
« Vous pourriez éviter de maintenir
mon bifteck avec votre pouce.
– Excusez-moi, monsieur, mais
je n'ai pas envie de me baisser
une troisième fois pour
le ramasser. »

Chez le boulanger, une petite
fille paye une baguette.
Le boulanger lui dit :
« Il te manque 20 centimes. Le pain
a augmenté depuis ce matin.
– Ah bon ? Alors, donnez-moi
du pain d'hier. »

Mme Tartempion demande
à l'épicier :
« Donnez-moi un kilo de pommes
de terre.
– Des grosses ou des petites ?
– Des petites, ça sera moins lourd
à porter ! »

Un Français et un Chinois
prennent un verre.
Le Français se lève en tenant
son verre et dit : « Chin Chin ! »
Alors, le Chinois :
« France France ! »

C'est Théo qui demande
à sa maman :
« Maman, c'est vrai que Papy
est né dans le Cantal ?
– Oui, mon chéri.
– Et moi alors, dans quel fromage
je suis né ? »

Dans un bar, un client crie :
« Garçon, mettez-moi
cette boisson au frais.
– Aux frais de qui, monsieur ? »

« **M**ais comment faites-vous pour manger et lire le journal en même temps ?

– C'est simple, je lis d'un œil et je mange de l'autre ! »

C'est un fou qui fait des bonds au-dessus d'un plat de spaghettis. Son copain lui demande :

« Tu t'entraînes pour les Jeux olympiques ?

– Non, je saute un repas ! »

En vacances à la ferme, un enfant de la ville arrive chez son oncle en disant :

« Tonton, il y avait une souris dans le pot à lait.

– Tu l'as retirée, j'espère ?

– Non, j'y ai mis le chat ! »

Deux amis dînent au restaurant.

« Tu ne manges pas, demande le premier ?

– Non, je surveille mon pardessus.

– Mais pourquoi ?
– Parce qu'on vient de voler
le tien ! »

C'est un optimiste
et un pessimiste qui sont naufragés
sur un bateau.
Une nuit, à deux heures du matin,
l'optimiste crie : « Terre, terre ! »
Alors, le pessimiste :
« Ça m'étonnerait qu'on trouve
du café et des croissants chauds
à l'heure qu'il est ! »

La petite Myrtille est invitée
à dîner chez les parents
de sa copine. Ce sont des chrétiens
très pratiquants. Au début
du repas, la famille se recueille
en silence. Étonnée, Myrtille
demande :

« Que faites-vous ?
– Nous faisons notre prière
pour remercier le Bon Dieu
qui nous donne chaque jour
notre pain quotidien.
Chez toi, on ne fait pas ça ?
– Non, mon père est boulanger ! »

« Garçon, vous avez des cure-
dents ?
– Non, mais je peux vous donner
un sandwich au cactus ! »

« **M**aman, bébé est en train
de manger le journal !
– T'en fais pas, c'est pas grave.
– Tu es sûre ?
– Mais oui, c'est celui d'hier ! »

En 1815, des soldats débarquent
dans une auberge de Waterloo.
« Nous sommes vaincus ! » disent-ils.
Alors, l'aubergiste : « Mais je n'ai
que dix-neuf chaises ! »

« **D**octeur, c'est la première fois
que je mange des huîtres
et j'ai horriblement mal au ventre.
– Elles ne devaient pas être bien
fraîches. Vous auriez dû les sentir
avant de les ouvrir.
– Ah ? Parce qu'il fallait
les ouvrir ? »

C'est un ogre qui rentre chez lui
et qui déclare à sa femme :
« J'ai très faim. Apporte-moi
un pâté de maisons. »

Mary Touquet • Jacques Azam

Les Toctoc

Le père Toctoc voudrait inventer quelque chose, mais il ne sait pas quoi. Alors, il écrit au bureau des inventions : « Veuillez, s'il vous plaît, m'envoyer la liste de tout ce qui n'a pas encore été inventé ! »

Pourquoi la famille Toctoc court-elle à la fenêtre les soirs d'orage ? Pour être sur la photo !

C'est le père Toctoc qui demande à son copain : « Est-ce que ton chien aime les enfants ? – Oui, mais il préfère les croquettes ! »

Comment le père Toctoc se débarrasse-t-il des taupes ? Il les enterre vivantes !

Un client demande au serveur : « Deux sandwichs au jambon, dont un sans moutarde. – Lequel sans moutarde ? »

La fille Toctoc a tenté d'écrire avec un stylo à cartouches. Bilan : deux morts !

« Est-ce que tu sais comment on reconnaît un aviateur dans un sous-marin ? demande le fils Toctoc à son copain.
– Non.
– C'est celui qui a un parachute ! »

À la campagne, un photographe veut prendre une vache en photo : « Ne bousez plus », lui dit-il.

Dans la rue, un chien jaune et un chien noir se battent. Le chien jaune ne fait qu'une bouchée du chien noir.
« Eh bien, dit un passant à son propriétaire, votre chien, il est drôlement fort. Où l'avez-vous eu ?
– C'est mon frère qui me l'a envoyé d'Afrique. Il avait une crinière, mais je l'ai rasée ! »

Au boulot !

Deux anciens copains
se rencontrent par hasard.
« Qu'est-ce que tu deviens ?
demande le premier.
– Je travaille dans un bureau.
– Ah oui, dans quel tiroir ? »

« **Q**uand une ligne n'est pas
droite, comment est-elle ?
demande le professeur
de mathématiques au fils Toctoc.
– Elle est gauche, monsieur. »

Mme Toctoc s'étonne de voir
sa femme de ménage faire
les vitres avec un mouchoir.
« Pourquoi n'utilisez-vous pas
plutôt un chiffon ?
– Mais, madame, c'est un mouchoir
à carreaux ! »

« **R**egarde, dans le ciel, la lune !
– Mais non, c'est le soleil !
– Je te dis que c'est la lune !
– Pardon, monsieur, à votre avis, là,
c'est la lune ou le soleil ?
– Oh moi, je ne sais pas, je ne suis
pas du quartier ! »

Tu es de quel quartier toi ??

C'est la mère Toctoc qui est ravie : elle a perdu trois kilos rien qu'en se faisant percer les oreilles !

Le père Toctoc sort une boîte d'allumettes de sa poche.
Il en craque une. Ça ne marche pas.
Une autre… Toujours pas de feu.
Enfin, la troisième s'allume.
« Ah ! dit-il, celle-là marche. Je vais pouvoir la garder. » Et il la remet dans la boîte !

Il s'agit de changer l'ampoule de la cuisine. La mère Toctoc dit à son fils :

« Monte donc sur mes épaules, ça t'évitera d'aller chercher l'escabeau. »
Le fils Toctoc monte sur les épaules de sa mère et ça dure très longtemps.
« Mais qu'est-ce que tu fabriques ? demande la mère Toctoc qui commence à se fatiguer.
– Ben, je tiens l'ampoule, dit Victor Toctoc, et j'attends que tu tournes ! »

On construit un nouvel immeuble dans la ville. Un maçon tombe d'un échafaudage. Tout le monde s'attroupe autour de lui.
« Qu'est-ce qui se passe ? questionne un policier.
– Je ne sais pas, répond le maçon, je viens d'arriver ! »

Charade toquée :
Mon premier est un indigène
mon deuxième n'est pas
un indigène
mon troisième est un indigène
mon quatrième n'est pas
un indigène
mon cinquième est un indigène,
etc.
Mon tout est le bruit d'une machine.

Réponse :
Papoupapoupapoupapoupa
poupa...

À l'école, le maître demande
à la fille Toctoc :
« Qu'est-ce qui est le plus éloigné
d'ici : la Chine ou la lune ?
– La Chine.
– Ah bon, pourquoi ?
– C'est très simple : de chez nous,
on voit la lune, mais pas la Chine ! »

« Vous voulez vous engager dans
la marine, dit le commandant au
fils Toctoc. Mais au moins, savez-
vous nager ?

– Pourquoi, vous n'avez plus
de bateaux ? »

La mère Toctoc doit remplir
sa feuille de maladie. Elle en est à
la mention : « Née… » Elle réfléchit
longuement, et après beaucoup
d'hésitation, elle écrit : « Oui » !

Dans un magasin chic, un client
s'adresse au vendeur :
« Vos pantalons sont un peu chers.
Vous n'avez rien en dessous ?
– Si, un slip. Pourquoi ? »

La fille Toctoc tombe de son lit.
Elle se relève et remonte
se coucher. Et bing ! elle retombe.
« Heureusement que je me suis
relevée la première fois, se dit-elle,
sinon je me tombais dessus ! »

Le père Toctoc est tout heureux
d'avoir un nouvel enfant.
Son copain lui demande :
« Et comment vas-tu l'appeler,
ton fils ?
– Caillou.
– C'est un drôle de nom, non ?
– Ben, toi, tu as bien appelé
ton fils Pierre ! »

Un autobus vient d'entrer
en collision avec un taxi. L'agent
de police interroge un passant :
« Comment cela s'est-il produit ?
– Je ne sais pas. Ils visaient
sans doute le même piéton ! »

« Pourquoi le père Toctoc a-t-il
fait installer un essuie-glace
à l'intérieur de son pare-brise ?
– C'est à cause des postillons qu'il
fait en imitant le bruit du moteur
avec sa bouche ! »

« As-tu pensé à donner
à manger aux poissons rouges ?
demande la mère Toctoc à son fils.
– Oui, maman. Mais oh zut, j'ai
oublié de leur donner à boire ! »

« on fils a été baptisé dimanche.
– Tiens, quel drôle de prénom ! »

« A quoi reconnaît-on un toqué dans un magasin de chaussures ?
– C'est le seul qui essaie les boîtes ! »

Lors d'un sondage sur les après-rasages, on demande au père Toctoc : « Que mettez-vous après vous être rasé ?
– Mon pantalon ! »

« Vous ne pouvez pas imaginer ma fierté quand mon fils a été reçu au bac !
– Si, j'ai connu ça quand l'un de nos porcs a obtenu une médaille au concours agricole ! »

Le père Toctoc est très consciencieux. Quand il pleut, il n'oublie pas de mettre son imperméable pour aller arroser le gazon !

« Enfin, mon fils, fais attention, dit le père Toctoc. Suppose que tu aies déjà deux calculatrices électroniques et que je t'en donne une de plus. Combien cela t'en fera-t-il ? »

Victor Toctoc est tout heureux. Il a trouvé trois boîtes de conserve oubliées par des campeurs, et il est persuadé d'avoir trouvé un nid de vache !

« C'est énervant, je viens d'acheter un téléphone sans fil, et il ne marche pas.
– Ben, achète un fil ! »

« Tu m'avais donné ta parole et tu ne l'as pas tenue.
– Je ne pouvais pas la tenir, puisque je te l'avais donnée. »

La mère Toctoc entre dans un confessionnal, attend quelques minutes et s'inquiète :
« Alors, il ne marche plus cet ascenseur ? »

« Qu'est-ce que je te sers ?
– Serrez-moi la main ! »

« ue penses-tu en voyant flotter le drapeau français ?
– Qu'il y a du vent ! »

Victor Toctoc demande
à sa maman :
« Elle faisait quoi comme métier,
la Sainte Vierge ?
– Elle était mère au foyer.
– Alors pourquoi elle a mis le petit
Jésus à la crèche ? »

La postière dit à la mère Toctoc :
« Cette lettre est trop lourde.
Il faut ajouter un timbre
à 50 centimes.
– Oui, mais si j'ajoute un timbre,
la lettre sera encore plus lourde ! »

La boulangère demande
à la fille Toctoc :

Panne de courant générale dans un grand magasin. La mère Toctoc est restée plus d'une heure dans l'escalator.

On demande à la fille Toctoc :
« De quel côté êtes-vous née ?
– Euh, sur le dos, je crois ! »

C'est le père Toctoc qui téléphone et qui n'est pas content :
« Dites-moi, lance-t-il à l'employée, est-ce que vous me prenez pour un imbécile ?
– Ne quittez pas, répond l'employée imperturbable, je vous passe les renseignements ! »

Les mathématiques, chez les toqués, c'est un peu spécial.

Par exemple, un chiffre impair est un chiffre qui ne prend pas l'eau.

« **T**u te rases avec un rasoir électrique ?
– Non, j'ai peur des coupures de courant ! »

« **V**ictor Toctoc, tu viens jouer au foot avec nous ? Tu vas jouer "avant".
– Si ça ne vous fait rien, j'aimerais mieux jouer en même temps que vous. »

« Que représente ton dessin ? demande la maîtresse au fils Toctoc. Je ne vois qu'un grand carré.

– J'ai voulu faire une vache broutant l'herbe dans un pré.

– Mais où est l'herbe ?

– Eh bien, la vache a tout mangé.

– D'accord. Mais la vache, où est-elle ?

– Elle est partie dans un autre pré, puisqu'il n'y avait plus rien à manger dans celui-là ! »

À l'issue d'un concert, le père Toctoc fait passer ce billet au chef d'orchestre :

« Je ne suis pas un mouchard, mais je crois devoir vous signaler que l'homme qui frappe sur la grosse caisse ne joue que quand vous le regardez ! »

Victor Toctoc a acheté une paire de skis nautiques. Mais il n'a jamais pu s'en servir : il n'a pas trouvé de lac en pente !

Madame Toctoc va chez
son coiffeur. La coupe terminée,
celui-ci lui place le miroir derrière
sa nuque.
« Êtes-vous satisfaite ?
– Non, je les trouve un peu courts.
Pouvez-vous me les faire
plus longs ? »

Blague toquée :
« J'ai les mains moites
et les pieds poites
et la tête toite
et les jambes joites, etc. »

Le père Toctoc hésite à acheter
des mouchoirs à sa femme.
Il ne connaît pas la taille de son nez !

Le patron à sa secrétaire :
« Mademoiselle, vous avez fait
vingt fautes dans cette lettre.
Vous ne l'avez pas relue ?
– Je n'ai pas osé.
– Pourquoi ?
– C'était écrit "confidentiel"
en haut de la lettre. »

A quel détail le père Toctoc se rend-il compte qu'il voyage dans un ascenseur en compagnie d'un éléphant ?
A l'haleine de l'éléphant, qui sent la cacahuète !

Le père Toctoc a acheté un lit Louis XV chez un antiquaire. Deux jours après, il revient au magasin et il dit : « Ma femme trouve le lit trop petit. Vous n'auriez pas un lit Louis XVI ? »

« **O**h, Victor Toctoc, que fais-tu avec le doigt dans le nez ?
– Je me gratte l'œil par l'intérieur ! »

Dans un magasin :
« Bonjour monsieur, je voudrais une robe de chambre.
– Oui, quelle est la taille de la chambre ? »

Dialogue dans une librairie :
« De quel auteur est "le Petit Prince" ?
– Un mètre vingt ! »

Imprimé et broché par I.M.E. à Baume-les-Dames
Dépôt légal n° 37580 - Septembre 2003
22.17.3652-08/9
ISBN 2.01.223652.9
Loi n° 49-956 du 16 juillet 1949
sur les publications destinées à la jeunesse